Der Mensch
erobert
sein Schicksal

Aus dem Französischen übersetzt
Originaltitel: L'HOMME À LA CONQUÊTE
DE SA DESTINÉE

© Copyright 1996 by S.A. Editions Prosveta. Alle Rechte für alle Länder einschließlich Osteuropa vorbehalten. Jeder Nachdruck sowie jede Bearbeitung, Darstellung oder sonstige Ausgabe bedürfen der ausdrücklichen Genehmigung des Autors und der Herausgeber. Ebenso sind alle privaten Kopien, Bild-, Ton- oder sonstigen Wiedergaben ohne Genehmigung der Autoren und Herausgeber nicht gestattet.

Editions Prosveta S.A. – B.P. 12 – 83601 Fréjus - Cedex (France)

ISBN ab 7. Auflage 3-89515-005-3
(ISBN 1.-6- Auflage: 2-85566-307-5)
Französische Originalausgabe: ISBN 2-85566-207-9

Omraam Mikhaël Aïvanhov

Der Mensch erobert sein Schicksal

7. überarbeitete Auflage

Reihe Izvor - Band 202

INHALT

I Das Gesetz von Ursache und Wirkung 9
II »Du sollst das Feine vom Dichten
    sondern« 35
III Entwicklung und Schöpfung 47
IV Menschliche und Göttliche
    Gerechtigkeit 59
V Das Gesetz der Entsprechungen 85
VI Die Gesetze der Natur und die Gesetze
    der Moral 115
VII Das Gesetz der Einprägung 137
VIII Die Reinkarnation 151

*Da Meister Omraam Mikhaël Aïvanhov
seine Lehre ausschließlich mündlich überlieferte,
wurden seine Bücher aus stenographischen
Mitschriften, Tonband- und Videoaufnahmen
seiner stets frei gehaltenen Vorträge erstellt .*

I

DAS GESETZ VON URSACHE UND WIRKUNG

I

Sobald der Mensch handelt, löst er unweigerlich bestimmte Kräfte aus, die ihrerseits wieder bestimmte Folgen nach sich ziehen. Die ursprüngliche Bedeutung des Wortes Karma drückte gerade diesen Zusammenhang zwischen Ursache und Wirkung aus. Erst später nahm Karma den Sinn der Wiedergutmachung begangener Fehler an.

Der Karma-Yoga – einer der vielen indischen Yogas – ist nichts anderes als eine Disziplin, die den Menschen lehrt, sich durch uneigennütziges Handeln zu entfalten und sich dadurch zu befreien. Sobald der Mensch jedoch mit Geldgier, Hinterlist und zweifelhaften Motiven zu arbeiten beginnt, lädt er sich Schulden auf, die er später begleichen muß. Das Wort Karma nimmt jetzt also den allgemeingültigen Sinn der Strafe für begangene Fehler an.

Ganz allgemein kann man also sagen, daß sich das Karma, im letzteren Sinne verstanden, bei jeder Handlung einschaltet, die nicht vollkommen richtig ausgeführt worden ist – was übrigens meistens der Fall ist. Der Mensch macht immer wieder Versuche, er muß sich üben, bis er zur Perfektion gelangt. Solange sein Streben mißlingt, muß er sich korrigieren, bis er seine Fehler wieder gutgemacht hat, natürlich unter schwerer Arbeit und Leiden.

Ihr meint: »Wenn man also beim Handeln unweigerlich Fehler macht, und sie unter Qualen wieder ausbessern muß, wäre es doch viel besser, überhaupt nichts zu tun!« Nein, man soll handeln. Gewiß, man wird leiden. Aber dabei lernt und entfaltet man sich... und eines Tages ist das Leiden dann vorbei. Wenn ihr gelernt habt, richtig zu handeln, gibt es kein Karma mehr für euch. Zugegeben, jede Bewegung, jede Geste, jedes Wort löst Kräfte aus, die bestimmte Folgen haben. Nehmen wir aber an, daß diese Gesten und Worte aus Güte, Reinheit und Selbstlosigkeit entstanden sind, dann ziehen sie günstige Folgen nach sich. Dies nennt sich dann Dharma.

Das Dharma ist das Ergebnis einer geordneten, harmonischen und wohltätigen Aktivität. Wer zu einem solchen Handeln fähig ist, entzieht sich dem Gesetz der zwangsläufigen Schicksalsfügung und stellt sich unter den Einfluß der göttlichen Vorsehung. Nichts tun, um Kummer und Qualen zu vermeiden, ist keine gute Lösung. Man soll aktiv, tat-

Das Gesetz von Ursache und Wirkung

kräftig und unternehmungslustig sein, aber man muß seinem Handeln höhere Ziele setzen als Egoismus und persönlichen Nutzen. Nur dieser Weg vermeidet die katastrophalen Folgen, denen keiner entgehen kann. Es wird stets Ursache und Wirkung geben, ganz gleich was man auch tut. Nur werden durch selbstloses Handeln keine schmerzlichen Folgen mehr hervorgerufen, sondern Freude, Glück und Befreiung.

Wer seine Ruhe haben will und deshalb nichts tut, kann sich nicht entfalten, nichts lernen, nichts gewinnen. Natürlich kann man unter solchen Umständen auch keine Fehler begehen, aber man gleicht einem Stein. Steine begehen nie Fehler! Man sollte sich lieber irren, sich sogar beschmutzen, aber daraus lernen. Wie kann man Farb- und Zementkleckse vermeiden, wenn Handwerker im Hause sind? Unmöglich, man muß die Flecke hinnehmen, die Hauptsache ist, die Arbeit ist getan, und das Haus ist fertig. Nachher muß man sich dann putzen und waschen und sich umziehen, aber das Haus ist wenigstens fertig.

Meister Peter Deunov sagte eines Tages: »Ich gebe jedem von Euch ein kleines Buch, mit dem Ihr das Alphabet lernen könnt« (wir nennen es *boukvartche* in Bulgarien, und Ihr?... Fibel? Gut, eine Fibel.) »In einem Jahr möchte ich es wiederhaben«. Manche brachten das *boukvartche* vollkommen sauber und tadellos zurück. Sie hatten es nicht einmal aufgeschlagen, hatten folglich auch nichts daraus gelernt. Andere gaben es ihm vollkommen bekritzelt, zerrissen und befleckt zurück. Sie hatten es viele hundertmal geöffnet, hatten es überallhin mitgenommen, hatten sogar darauf gefrühstückt... »Ja, aber dafür können sie jetzt lesen,«, sagte der Meister, »das ist mir lieber.« Damals war ich noch jung, und ich weiß noch, wie ich ihn ganz schüchtern fragte: »Und ich, zu welcher Kategorie gehöre ich?« Er antwortete: »Du? Zur zweiten!« Darüber war ich natürlich glücklich, denn ich hatte begriffen, daß es die bessere war.

Jetzt erinnere ich mich nicht mehr in welchem Zustand ich mein *boukvartche* zurückgab, auf jeden Fall aber hatte er mich in die zweite Kategorie Menschen eingeordnet, die zum arbeiten bereit sind... und das stimmt. Wie viele Fehler man auch begeht, wie viele Flecken und Spritzer man auch hinterläßt, wie sehr man auch beschimpft und kritisiert wird, das hat überhaupt keine Bedeutung. Das Wichtigste ist, man hat lesen gelernt, die Arbeit getan, das Haus fertiggebaut. Alle, die immer sehr vernünftig und vorsichtig sind, um sich nicht bloßzustellen, machen keine Fortschritte. Mein Gott, was soll aus solchen Leuten werden?

In der Offenbarung heißt es: »... daß du kalt oder warm wärest! Wenn du aber lau bist und weder kalt noch warm, werde ich dich ausspeien aus

Das Gesetz von Ursache und Wirkung

meinem Munde.« Warum ziehen manche das Lauwarme vor? Für die Lauwarmen gibt es keinen Platz. Ihr dürft euch nicht davor fürchten, Fehler zu begehen. Wer eine Fremdsprache lernt, aber kein Wort sagt aus Angst, sich durch einige Fehler lächerlich zu machen, wird nie richtig sprechen können. Man muß es in Kauf nehmen, sich ein bißchen lächerlich zu machen, man muß Fehler riskieren, denn man muß sprechen lernen. Für das Karma gilt das gleiche: wir dürfen uns nicht von der Angst lähmen lassen, Fehler zu begehen, die wir dann wieder gutmachen müssen. Wenn wir uns nach und nach darin üben, unseren Handlungen ein göttliches Ziel zu setzen, werden wir nicht länger das Karma, sondern das Dharma auslösen, das heißt die Gnade und den Segen des Himmels auf uns herabrufen.

II

Es ist unmöglich, dem Gesetz von Ursache und Wirkung zu entkommen. Die Frage ist nur zu wissen, welche Kraft man auslöst. Deshalb sage ich euch, daß das großartigste Gesetz, das uns die kosmische Intelligenz gegeben hat, dort liegt, wo keiner danach sucht, dort wo die Philosophen, Theologen und Moralisten nicht mehr hinsehen: in der Natur, genauer gesagt in der Landwirtschaft... Ja, auf dem Land. Alle Bauern wissen, daß sie keine Weintrauben ernten können, wenn sie einen Feigenbaum pflanzen und von einem Apfelbaum keine Birnen pflücken können. Das ist das höchste moralische Gesetz: jeder erntet, was er gesät hat.

Man könnte also sagen, daß die Bauern die ersten Moralisten waren. Sie haben erkannt, daß die Intelligenz der Natur dort ein strenges, unveränderliches Gesetz erlassen hat, das Gesetz von Ursache und Wirkung. Später, als sie das Leben der Menschen beobachteten, haben sie festgestellt, daß auch

Das Gesetz von Ursache und Wirkung

hier das gleiche Gesetz gilt. Wer mit Grausamkeit, Egoismus und Gewalt handelt, bekommt eines Tages selbst Grausamkeit, Egoismus und Gewalt zurück. Dieses Gesetz kann man auch das Gesetz des Echos oder das Gesetz des Rückstoßes nennen. Der Ball springt zurück und trifft den Werfer.

Jeder erntet, was er gesät hat. Wenn man dieses Gesetz im Detail studiert und seine Bedeutung erweitert, wird es ein tiefgründiges, fruchtbares System, denn jede grundlegende Wahrheit findet in allen Bereichen ihre Anwendung. Die Erklärung dieses Gesetzes im Detail bringt ein ganzes philosophisches System ans Tageslicht. Gerade deshalb ist die Religion heute so reich an Vorschriften und Geboten. In Wirklichkeit liegt ihnen aber nur ein einziges Gesetz zugrunde: Man erntet nur das, was man gesät hat. Ihm wurden später andere, nicht weniger wahre Gesetze angefügt, die einem Anhang, einer Ausdehnung in den philosophischen Bereich gleichen. Zum Beispiel ist das Sprichwort »Was du nicht willst, das man dir tut, das füg auch keinem andern zu!« eine Weiterführung dieses Gesetzes.

Diejenigen, die sämtliche fundamentalen Gesetze bestreiten und ablehnen, entfernen sich mehr und mehr von der Wahrheit. Ihre Seele ist von Zweifel und Ungewißheit gespalten, das Leben reißt sie ewig hin und her, obgleich die Wahrheit doch so einfach ist und vor ihnen liegt. Warum wollen die heutigen Denker sie nicht anerkennen? Warum bieten sie uns alle möglichen selbst erfundenen Theorien an, die nicht mit der kosmischen Intelligenz übereinstimmen? Da sie nicht länger an die Existenz einer auf Naturgesetzen bestehenden Moral glauben, sind ihre Überlegungen und Schlußfolgerungen falsch. Alle, die ihre Bücher lesen und ihnen folgen, schlucken ihre Fehler und geraten in Verwirrung, Angstzustände und Finsternis. Also, Achtung! Ihr müßt das Überlegen und Urteilen lernen. Ohne Maßstäbe kann euch jeder irreführen. Seid wachsam, laßt euch nicht von verwirrten Menschenhirnen beeinflussen, folgt der kosmischen Intelligenz, die alles so wunderbar geordnet und organisiert hat.

Selbst wer nicht an Gott glaubt, kann nicht bestreiten, daß in der Natur eine Ordnung herrscht, und daß es somit eine Intelligenz gibt, die diese Ordnung geschaffen hat. Man sollte wenigstens die Tatsache bedenken, daß jeder Samen seinesgleichen hervorbringt. Wie kann man darin nicht das Werk einer Intelligenz sehen? Jeder, der dieses Gesetz erkennt, muß seine Weltanschauung ändern. Man mag nicht an Gott glauben, aber man kann nicht bestreiten, daß jeder Same genau sich selbst reproduziert, sei er nun von einer Pflanze, einem Baum, einem Insekt, einem Tier oder einem Menschen. Dies ist ein absolutes Gesetz, das euch

Das Gesetz von Ursache und Wirkung

zum Überlegen bringen muß. Ihr könnt euch Undankbarkeit, Ungerechtigkeit, Grausamkeit oder Gewalt erlauben, aber ihr müßt damit rechnen, daß dieses Gesetz eines Tages in eurem Leben zu euren Ungunsten wirken wird. Ihr habt z. B. eines oder mehrere Kinder, die euch ähneln. Durch sie seid ihr selbst die ersten Leidtragenden eures eigenen Verhaltens. Selbst wenn es Gott nicht gäbe, gibt es immer noch die kosmische Intelligenz. Dafür habt ihr ständige Beweise.

Ihr macht, was euch gefällt und meint, daß ihr ohne Konsequenzen davonkommt. Glaubt was ihr wollt, die kosmische Intelligenz hat bereits alles registriert. In jedem Gedanken, Gefühl oder Unternehmen keimt eine Saat und wächst heran. Wenn ihr ungerecht, grausam oder gewalttätig wart, dann stoßt ihr auf eurem Weg eines Tages auf die gleiche Undankbarkeit, die gleichen Ungerechtigkeiten, die gleichen Grausamkeiten, die gleiche Gewalt. Nach 20, 30 oder 40 Jahren fallen sie euch auf den Kopf, und dann glaubt ihr auf einmal an die Existenz einer kosmischen Intelligenz, die alles registriert.

Laßt, wenn ihr wollt, Bibel, Evangelium, Propheten, Kirchen und Tempel beiseite, aber akzeptiert wenigstens dieses bestehende, unwiderlegbare Gesetz: Was ihr sät, das erntet ihr. Schon die alten Weisen, die das Leben beobachteten, sagten: »Wer den Wind sät, erntet den Sturm.« Die Wissenschaftler und Denker, die diese Wahrheit abstreiten, werden eines Tages unweigerlich auch in der Enge stecken und gezwickt werden. Sie können den Folgen ihrer Handlungen nicht entkommen und dann werden sie begreifen. Wie kommt es, daß sie mit ihrer großen Klugheit die einfachen Dinge nicht erfassen können?... Ich sage sogar, daß mit diesem Gesetz als Grundlage sämtliche heiligen Bücher der Welt wieder richtiggestellt werden können... Ja, allein mit diesem Gesetz!

Viele sagen sich: »Gewiß, dies und jenes steht in der Bibel, im Evangelium, aber existiert Gott überhaupt?« Darauf erwidere ich euch, daß euch dies gar nicht kümmern soll. Ihr braucht auch nicht zu wissen, ob Jesus gelebt hat und ob die Evangelien authentisch sind oder nicht. Betrachtet nur dieses eine Gesetz, das genügt, um alles richtigzustellen und euch zur Wahrheit zu führen. Seht ihr, meine Erläuterungen sind ganz einfach. In diesem Fall müßte man Gott erfinden, selbst wenn Er nicht existierte. Allein aufgrund dieser Tatsache müßte man Ihn erfinden. Warum also läßt man sich von den sogenannten modernen Denkern überreden, die alles vernichten? Anstatt die Menschen zu den einfachen, existierenden Dingen zu führen, die sichtbar und fühlbar sind, führen sie sie zu »originellen« Überlegungen und Argumenten... Versteht ihr?! Die Denkweisen können ruhig der Wahrheit widersprechen, die überall in der Natur eingeprägt

Das Gesetz von Ursache und Wirkung

ist, das schadet nichts. Jeder ist davon begeistert, es braucht nur etwas Neues, Originelles zu sein.

Die Moral ist eine Realität, nur sehen die Menschen sie nicht und diskutieren obendrein noch über Gott, über diesen und jenen Punkt der Theologie... Das Diskutieren ist völlig überflüssig. Das Wissen genügt, daß sich alles, alles einprägt. Wenn die Natur bestimmt hat, daß ein Baum seinem Samen Beschaffenheit, Farbe, Größe, Geschmack und Geruch der Früchte einprägt, warum hätte sie dann in Bezug auf den Menschen nicht das gleiche getan? In der Natur ist alles eingeprägt. Die Moral beruht gerade auf dieser Einprägung, auf dem Gedächtnis der Natur, ja dem Gedächtnis. Denn die Natur besitzt ein Gedächtnis, das durch nichts ausgelöscht werden kann. Und wehe dem, der das nicht beachtet! Es registriert ununterbrochen, Tag und Nacht, das Katzenkonzert und die abscheulichen Zustände, die der Mensch in sich trägt. Eines schönen Tages wird er gezwickt, getreten, vernichtet. Keiner kann diesem Gesetz entkommen. Keiner war bisher mächtig genug, ihm zu entfliehen: kein Kaiser, kein Diktator, niemand... Im Gedächtnis der Natur ist alles registriert.

Also, Achtung! Jede Handlung, jedes Wort, jeder Gedanke, jeder Wunsch prägt sich in die Tiefen eurer Zellen ein, und früher oder später erntet ihr in eurem Leben die Früchte. Wenn ihr darauf achtet, keine finstere, zerstörende Saat durch euer

Denken, Fühlen und Handeln zu verbreiten, dann könnt ihr euch eine bessere Zukunft aufbauen.

Glaubt nicht, daß die guten, großzügigen, liebevollen Menschen ewig nur Schlechtes statt Gutes zurückbekommen. Diejenigen, die voreilig Schlußfolgerungen ziehen, verbreiten Dummheiten, indem sie behaupten: »Tut Gutes und ihr erntet immer nur Schlechtes.« Nein, das stimmt nicht. Das Gute zeugt immer Gutes, und das Schlechte immer Schlechtes. Tut Gutes und ihr werdet auf Gutes stoßen, auch wenn ihr es nicht wollt. Wenn ihr Gutes tut und euch Schlechtes widerfährt, so ist dies darauf zurückzuführen, daß es noch Menschen auf Erden gibt, die eure Güte ausnutzen und mißbrauchen. Aber ihr müßt euch gedulden und weiterhin gut handeln, denn früher oder später werden die anderen bestraft, von Stärkeren, Heftigeren unterworfen. Dann werden sie begreifen, bereuen und ihre Fehler bei euch wieder gutmachen wollen. So trägt das Gute doppelt Früchte, denn in solchen Fällen berücksichtigt der Himmel euer unverdientes Leiden und Elend, während ihr Gutes tatet, und ihr werdet doppelt belohnt.

Die Menschen brauchen jetzt ein solides, vollständiges, wahres, unwiderlegbares Wissen. Dieses Wissen bringe ich euch. Nun denn, versucht doch zu bestreiten, daß man das erntet, was man gesät hat! Jeder ist natürlich von der Wahrhaftigkeit dieses Gesetzes überzeugt, aber dies nur im

Das Gesetz von Ursache und Wirkung

körperlichen Bereich. Das genügt nicht. Wer weitergeht, höher hinaufsteigt, der findet auch dort dieses Gesetz wieder, denn die Welt ist eine Einheit. Auf allen Stufen, auf allen Ebenen treten die gleichen Phänomene in einer anderen Form und jedesmal feinstofflicher auf.

Alles was in der Erde ist, findet sich im Wasser wieder. Alles was im Wasser ist, findet sich in der Luft wieder. Die vier Elemente unterliegen den gleichen Gesetzen. Da sie jedoch weder das gleiche Wesen noch die gleiche Dichte haben, stellt man in der Anwendung der Gesetze einige Unterschiede von einem Element zum anderen fest. Sie reagieren mehr oder weniger schnell, mehr oder weniger heftig, aber sie werden von denselben Prinzipien regiert. Der Mentalbereich des Menschen z. B. entspricht der Luft. Hier findet man unter der feineren Form der Gedanken und Ideen die gleichen Wirbelstürme und Strömungen wie in der Atmosphäre. Die Gesetze der psychischen Welt stimmen mit den Naturgesetzen überein.

Wenn der Gärtner da, wo er nicht gesät hat, nichts wachsen sieht, findet er das richtig und gerecht und regt sich nicht darüber auf. Er jammert nicht, sondern sagt sich einfach: »Was willst du, mein Alter, du hattest eben keine Zeit zum Rüben säen, nun kannst du auch keine Rüben ernten. Aber du kannst Salatköpfe, Petersilie und Zwiebeln ernten, denn die hast du gesät.« Anscheinend sind die Menschen im Bereich der Landwirtschaft sehr bewandert. Ja, wenn es sich um Obst oder Gemüse handelt, dann sind sie gelehrt, aber sobald es sich um das Reich der Seele und der Gedanken handelt, wissen sie nichts mehr. Sie glauben, Glück, Freude und Frieden zu ernten, wo sie Gewalt, Grausamkeit und Bosheit gesät haben. Aber nein, sie werden die gleiche Gewalt, Grausamkeit und Bosheit ernten. Wenn sie sich obendrein noch darüber aufregen, wütend und rebellisch sind, beweist dies, daß sie keine guten Landwirte sind!

Die erste Regel der Moral lautet: Man soll keine Gedanken, Gefühle oder Taten akzeptieren, die für andere gefährlich oder schädlich sind. Man muß sie nachher nämlich selbst ernten, sie selbst »essen«. Wenn es sich um Gift handelt, dann ist man selbst der erste, der sich daran vergiftet! Wenn ihr euch dies zum absoluten Grundsatz macht, beginnt ihr euch zu vervollkommnen. Ich weiß, die Langsamkeit, mit der sich die Gesetze vollziehen, hindert die Menschen oft daran, die Dinge zu verstehen. Weder das Gute noch das Schlechte kommt sofort. Der eine überschreitet laufend Gesetze, und trotzdem läuft für ihn noch alles gut ab, wohingegen ein anderer, ehrlicher Gutes tut und nur auf Schwierigkeiten stößt. Daraus schließt natürlich jeder, daß es keine Gerechtigkeit gibt. Die Menschen wissen nicht, warum man auf Belohnungen und Strafen so lange warten muß. Sie stellen sich Fragen und sagen sich: »Es wäre viel besser, wenn die Gesetze schneller wirkten, denn dann würde man sofort korrigiert oder belohnt werden und somit gleich begreifen«.

Nun, ich weiß, warum es so lange dauert. Die Langsamkeit zeigt uns die Güte und Barmherzigkeit der kosmischen Intelligenz. Sie will den Menschen Zeit für Erfahrungen, für Überlegungen und sogar für Reue lassen, damit sie sich bessern und ihre Fehler wieder gutmachen können. Würden uns die Gesetze sofort für unsere Fehler strafen, würden wir vernichtet werden und könnten uns nicht einmal bessern. Folglich gibt der Himmel uns Zeit und schickt uns hier und da einige kleine Schwierigkeiten, die uns zum Nachdenken bringen sollen. Auf diese Weise haben wir die Möglichkeit, wieder gutzumachen.

Auch der Wohltätige wird nicht sofort belohnt, und das ist gut. Erhielte er sofort eine Belohnung, würde er sich bald gehen lassen und dann sämtliche Gesetze überschreiten. Der Himmel läßt ihn Kraft, Festigkeit und Selbsterkenntnis gewinnen. Er schenkt ihm nicht alles auf einmal, um zu sehen, wie weit er im Guten weitermacht. Ihr seht also, es gibt einen Grund für die Langsamkeit. Das Gute aber bringt immer Gutes, das ist absolut! Das Schlechte nimmt immer ein schlimmes Ende, das ist ebenso absolut! Es ist nur sehr schwer abzuschätzen, wie lange es dauert, bevor sich die Konsequenzen zeigen.

Ja, wieviel Kraftaufwand, Macht, Willensstärke, Entscheidung und Glauben braucht derjenige, der im Guten weiterhandeln will, wo doch die ganze Welt zusammenbricht. Gerade dies ist lobenswert, denn unter anderen Umständen könnte man leicht an das Gute glauben und im Guten fortfahren. Alles ist angenehm, nützlich, alles ist leicht. Doch gerade jetzt, wo sich die Lage verschlimmert, ist das Weitermachen verdienstvoll, ohne sich von den Umständen beeinflussen zu lassen. Ein Schüler versucht, genau wie ein Meister, immer auf die Macht des Geistes zu zählen. Selbst unter den schlimmsten Bedingungen will er die Macht des Willens, des Guten und des Lichts in sich erwecken. Daran erkennt man den wahren Spiritualisten. Natürlich können viele ihren Worten nach als Spiritualisten gelten, aber bei den geringsten Schwierigkeiten sind sie am Boden zerstört. Wo bleibt also die Kraft des Geistes?

Alle erwarten von den anderen, daß sie sich ihnen gegenüber feinfühlig, freundlich, geduldig und nachsichtig verhalten. Ja, aber wie kann das erreicht werden? Indem jeder selbst feinfühlig, freundlich, geduldig und nachsichtig wird. Wenn ihr von den anderen gutes Verhalten erwartet, müßt ihr selbst erst einmal richtig handeln. Ihr sagt: »Ja, das kennen wir schon!« Gut, aber nur

Das Gesetz von Ursache und Wirkung

theoretisch. Es gibt noch Millionen Wesen auf Erden, die sich gemein, hart und grausam aufführen und sich wundern, daß sich die anderen dies nicht gefallen lassen. Sie sind überzeugt, daß die anderen unterlegen sind und sich ihrem Willen beugen müssen. Seht einmal, wie sie sich benehmen: Sie warten auf Befriedigung durch Mittel, die ihren Wünschen widersprechen und umgekehrt glauben sie nicht daran, daß sie Liebe, Zärtlichkeit und Güte ernten, wenn sie auch Liebe, Zärtlichkeit und Güte säen. Trotzdem kann ich euch versichern, daß nach einiger Zeit auch derjenige kapituliert, der heute noch widerspenstig und boshaft mit euch umgeht, wenn ihr ihm weiterhin Gutes entgegenbringt.

Wer Zuneigung und Vertrauen gewinnen will, der muß sie herbeirufen. »Aber wir rufen doch, und sie kommen trotzdem nicht!« Nein, mit rufen meine ich, sie selbst schaffen. Wenn ihr gute Zustände in eurem Inneren aufbaut, könnt ihr hundertprozentig sicher sein, daß ihr diese auch bei den anderen findet. Wenn ihr sie in eurem Inneren schafft, zieht ihr sie von außen an. Hier liegt die ganze Magie. Also probiert es doch einmal: Wenn ihr etwas erhalten wollt, was euch sehr am Herzen liegt, dann versucht es erst einmal zu geben. Was man nicht gegeben hat, kann man nicht empfangen. Ihr wendet ein: »Das stimmt doch gar nicht, es gibt sehr reiche, hochgestellte Persönlichkeiten, die den anderen nichts geben, die verschlossen und verachtend sind, und trotzdem bringt man ihnen laufend Respekt, Achtung und Ehren entgegen...« Sie erhalten ganz einfach das, was sie in einer anderen Inkarnation gegeben haben. Wenn sie jedoch weiterhin hochmütig und ohne Liebe handeln, werden sie später genau das gleiche von anderen erhalten.

Das Geheimnis von Erfolg und Glück liegt darin, das zu manifestieren, was man selbst wünscht. Wollt ihr Lächeln und freundliche Blicke sehen, dann lächelt und seid freundlich. Wollt ihr, daß der Himmel, daß ein Engel euch belehrt, dann sucht einen weniger Klugen und erleuchtet seinen Verstand. Das reflektiert sich sofort in der unsichtbaren Welt, aus der ihr lichtvolle Geister anzieht, die dasselbe für euch tun.

Oh ja, dies ist ein großartiges Gesetz, das noch in vielen anderen Bereichen angewendet werden kann. Lächeln und ein Lächeln empfangen ist noch sehr wenig. Ihr habt gelächelt und man hat zurückgelächelt. Ihr wart nett und freundlich, man war nett und freundlich zu euch. Gut, das ist schön, ihr wart höflich, das versteht sich, das ist notwendig, ihr fühlt euch wie neugeboren. Ihr solltet dieses Gesetz jedoch auch in anderen Bereichen anwenden, damit es größere Folgen trägt als ein Lächeln, einen Händedruck, einen Blick oder einige nette

Das Gesetz von Ursache und Wirkung 29

Worte im Vorübergehen. Mit diesem Gesetz kann das ganze Universum beeinflußt werden, und gerade das ist das Interessante. Man kann weit, sehr weit gehen, ganze Sphären im Raum zum Schwingen bringen...

Ihr könnt nur die Früchte ernten, die dem gesäten Samen entsprechen. Es ist eine andere Frage, ob es Unwetter gab oder ob die Sonne zu stark schien und alles verbrannte, ob es an Regen mangelte oder die Vögel und Maulwürfe eure Saat gefressen haben. Es ist eine andere Frage. Das sind Vorfälle, die nichts am Gesetz ändern. Was im Samen steckt, kann ihm nicht genommen werden. Man kann ihn daran hindern, Früchte zu tragen, aber man kann seine Eigenart nicht ändern. Und gerade die Eigenart ist es, von der ich spreche.

Wenn ihr also immer freundlich, nett und höflich seid, und man euch trotzdem beschimpft, ist dies nur nebensächlich. Darüber hinaus muß man prüfen, wer etwas, wann und unter welchen Bedingungen sagt... Vielleicht seid ihr zu gut, zu großzügig, zu freigebig, zu vertrauensvoll. Dann seid ihr natürlich schon in die Kategorie der Dummköpfe eingeordnet worden und müßt unter den menschlichen Konventionen leiden, die sich ewig ändern. Aber das besagt nichts, das ist nicht dauerhaft, denn Menschen und Verhältnisse ändern sich, die Grundgesetze jedoch sind beständig. Wenn die wahren Werte wieder gelten, dann nimmt alles wieder seinen Platz ein, und ihr werdet das Gute ernten, das ihr gesät habt.

Gewiß, heute wird jemand geschätzt, wenn er gerissen ist, die anderen ein bißchen tritt, beißt und durchrüttelt. Er gilt als sehr interessant, aber das bleibt nicht ewig so, denn bald kommt ein anderer Halunke und gibt dem ersten eine Tracht Prügel. Ihr dürft euch nicht von vorübergehenden Verhältnissen beeindrucken lassen. Nach einiger Zeit hört man dann, daß irgendwo ein Raufbold von einem anderen, noch stärkeren mißhandelt wurde.

Nun sucht nicht gleich Ausflüchte. Ich weiß viel besser als ihr, was man mir entgegenhalten könnte. Ich warte nicht ab, bis die anderen fragen: »Ja, aber dann... warum dies, warum das?« Ich packe meine Argumente selbst beim Schopf und greife sie an. Wenn sie trotz allem standhaft sind, sage ich: »Das ist Gold! Das ist reines Gold, folglich ist es eine Wahrheit!« Und was passiert mit den Argumenten, die nicht widerstehen? Nun, die können begraben werden: »Amen... ruht hier in Frieden!«

Jetzt möchte ich euch ein anschauliches Beispiel nennen. Stellt euch einen wunderschönen Wald vor, mit Tieren, Vögeln, Bäumen voller Blüten und Früchten aller Art. Welch ein Reichtum! Leider gibt es ein Hindernis: er ist von hohen, dicken Mauern umgeben und somit unzugänglich. Auf den Mauern stecken sogar Scherben und Stacheldraht. Oben-

Das Gesetz von Ursache und Wirkung

drein ist der Wald wegen der wilden Tiere gefährlich: Bären, Löwen und Tiger würden sich den unvorsichtigen Abenteurer schon schmecken lassen. Ja, nun braucht ihr aber die Früchte, was tun?... Plötzlich bemerkt ihr auf einem Baum Affen. Jetzt seid ihr gerettet! Ihr nehmt einen Korb, voll Orangen z. B., geht dicht an die Mauer heran und fangt an, die Affen damit zu bewerfen... Die Affen hervorragende Nachahmer, pflücken nun haufenweise Früchte von den Bäumen und bewerfen euch damit. Ihr braucht sie jetzt nur noch aufzusammeln und kehrt mit schweren Körben voller Früchte zurück. Das Geheimnis lag also darin, die Affen mit euren Orangen zu bewerfen!

Ihr sagt: »Was ist das denn für eine komische Geschichte? Als hätten wir Gelegenheit, von einer Mauer aus Affen im Wald mit Orangen zu bewerfen!« Aber das ist ja nur eine bildhafte Darstellung. Habt ihr nie einen Bauern gesehen, der auf seinem Feld sät? Er wirft den Affen Orangen zu, nur sind die Orangen winzig klein und die Affen sind ein bißchen tiefer, unter der Erde versteckt... Wenn der Bauer seine Arbeit beendet hat, geht er zufrieden weg, und wenn er nach einigen Monaten wiederkommt, bringt er die Ernte ein und füllt seine Scheunen.

«Ach so!« meint ihr jetzt, »wenn es so ist, dann haben wir verstanden.« Nein, ihr habt noch gar nichts begriffen, ihr habt das Bild noch nicht entziffert. Die Affen stellen hier symbolisch die Naturkräfte dar. Ob sie unter der Erde oder auf den Bäumen sind, spielt überhaupt keine Rolle. Kommen wir jetzt zur Erklärung: Der Wald ist das von Gott geschaffene Universum, das alle Reichtümer in sich birgt. Die Mauern stellen die Hindernisse dar, die den Menschen daran hindern, an diese Reichtümer heranzukommen. Die Affen symbolisieren die Geschöpfe der unsichtbaren Welt. Die Orangen bedeuten das Licht und die Liebe, die ihr durch eure Gedanken und Gefühle ausstrahlt. Was geschieht nun? Nach einiger Zeit tun die Wesen der unsichtbaren Welt das gleiche wie ihr und überschütten euch hundertfach mit Früchten, das heißt mit ihrem Segen. Wenn ihr jedoch euren Mißmut, euren Haß oder eure Wut aussendet, werdet ihr eines Tages all dies wieder zurückbekommen.

»Was ihr sät, das erntet ihr.« Mit anderen Worten: So wie ihr jetzt handelt, gestaltet ihr bereits eure Zukunft. In jedem Augenblick könnt ihr durch eure innere Arbeit eure Zukunft gestalten. Jede Entscheidung, ob gut oder schlecht, lenkt eure Zukunft in die eine oder andere Richtung.

Nehmen wir einmal an, daß ihr euch heute entschlossen habt, Gott zu dienen, den Menschen zu helfen, euch nicht mehr von euren niederen Nei-

Das Gesetz von Ursache und Wirkung

gungen beeinflussen zu lassen. Sofort wird eure Zukunft lichtvoll, wunderschön und kraftvoll. Alle Herrlichkeiten warten auf euch.

Warum erlebt ihr diesen Zustand nicht? Weil euch die Vergangenheit noch zurückhält. Wenn ihr euch aber von dem Entschluß nicht abbringen laßt, in dieser Richtung zu arbeiten, löst ihr euch nach und nach von ihr und eines Tages empfangt ihr das himmlische Erbe. Ja, wenn ihr aber nun wieder ein egoistisches Leben führen wollt, wird sich alles wieder ändern, und ihr baut euch ein ganz anderes Schicksal auf – voller Leiden und Enttäuschungen. Gewiß, im Augenblick gibt es noch Freuden, ihr macht Geschäfte, die Gegenwart bleibt die gleiche, weil ihr noch einige Reserven habt, und ihr die finstere Zukunft nicht seht, die auf euch wartet. Sobald der Vorrat aber verbraucht, ist steht diese abscheuliche Zukunft plötzlich vor der Tür. Die Zukunft läßt sich leicht gestalten, aber die Vergangenheit ist schwer auszulöschen.

Ich möchte euch noch ein anderes Beispiel nennen. Ihr wollt verreisen, zögert aber noch, ob ihr euch für Nizza oder Moskau entscheiden sollt. Nehmen wir an, ihr entscheidet euch schließlich für Nizza. Sofort ist eure Reiseroute festgelegt, die Landschaften, die Bahnhöfe, die Begegnungen... Sobald, ihr eine Richtung einschlagt, ist alles berechnet, ihr müßt einem vorherbestimmten Weg folgen. Die Landschaften sind nicht euer Werk, dessen Existenz hängt nicht von euch ab, bei euch liegt nur die Wahl der Richtung.

Wir sind nicht die Schöpfer unserer Zukunft. Wenn man sagt, daß sich der Mensch seine Zukunft schafft, ist dies nur eine Redensart. Man sollte besser sagen, er wählt seine Richtung. Ihr beschließt: »Ich nehme diesen Weg!« Einverstanden, aber die Existenz der Gebiete und Wesen, denen ihr auf diesem Weg begegnen werdet, hängt nicht von euch ab. Das sind Bereiche und Wesenheiten, die schon vor langer Zeit von Gott geschaffen worden sind. Wir schaffen uns kein schlechtes Schicksal, sondern steuern es nur an: Treibsand, Sümpfe, gefährliche Wälder... Wir entscheiden lediglich über die Richtung, das ist alles. Handelt es sich um eine herrliche Zukunft, gilt das gleiche. Wir gehen darauf zu, sie existiert bereits, sie wartet auf uns. Im Raum gibt es Tausende von Bereichen oder Sphären, mit unzähligen Geschöpfen bevölkert, und je nach unserer Entscheidung steigen wir zu ihnen auf oder fallen zu ihnen hinunter.

Jedes Unglück und jedes Glück existiert bereits. Andere haben sie schon vor uns durchlebt, sie wurden vor langer Zeit geschaffen. Es hängt allein von uns ab, wofür wir uns entscheiden. Deshalb sollt ihr euch jetzt für eine andere Richtung entscheiden, und euch dem Paradies zuwenden, das Gott schon von Anfang an für euch erschaffen hat.

II

»DU SOLLST DAS FEINE VOM DICHTEN SONDERN«

I

Die meisten Menschen wissen schon seit ihrer Kindheit, daß sie Obstkerne oder Gräten entfernen müssen, wenn sie Obst, Fisch, Austern oder Schnecken essen. Wenn sie Käse essen, schneiden sie automatisch die Rinde ab. Sie sind von der Notwendigkeit überzeugt, daß die unverdaulichen oder schädlichen Stoffe aus der Nahrung entfernt werden müssen. Sie haben diesbezüglich sogar Verfahren zum Sterilisieren, Raffinieren und Pasteurisieren erfunden...

Folglich haben die Menschen, indem sie die unsauberen oder unverdaulichen Stoffe aus der Nahrung entfernen, einen gewaltigen Fortschritt gemacht. Dadurch unterscheiden sie sich von den Tieren. Sie haben aber nicht erkannt, daß es noch andere Gebiete gibt, wo gesäubert, gewaschen, ausgeschieden, ausgewählt, das Nützliche vom Unnützen und das Reine vom Unreinen getrennt werden muß. Im Bereich der Gedanken und Gefühle gibt es auch eine Nahrung, die sie aufnehmen und verdauen. Hier verhalten sie sich aber wie die Katzen. Sie schlucken Fell und Eingeweide mit hinunter, das heißt sie nehmen alles Unsaubere und Schädliche in sich auf. In dieser Hinsicht müssen sie sich noch entfalten und das Wählen der psychischen Nahrung erlernen, genau wie sie bereits ihre stoffliche Nahrung auswählen.

Auf der Smaragdtafel heißt es: »Du sollst das Feine vom Dichten sondern« – das heißt das Reine vom Unreinen. Hermes Trismegistos ging natürlich mit diesen Worten noch viel weiter. Er meinte damit den Stein der Weisen. Es handelt sich jedoch genau um das gleiche Prinzip. Das Reine wird vom Unreinen getrennt, genau wie das Gold oder die Edelsteine vom Ganggestein. Übrigens beruht das ganze Leben, alle Industrien und Berufe, auf dem Prinzip des Aufteilens oder des Auswählens. Überall wird ausgewählt, in Geschäften, in Krämerläden, bei Diamanten, bei Edelsteinen... Wettbewerbe und Prüfungen sind auch nichts anderes als eine Auslese, ebenso wie die Ernennung eines Generals oder einer Miss World. Es handelt sich immer um eine Auswahl. Keiner weiß jedoch, daß auch im Innenleben getrennt, ausgeschieden, ausgewählt werden muß. Sogar die Gelehrtesten wissen keine Antwort auf die Frage, welche Gedanken und Gefühle schädlich sind und Krankheit und Zerfall im Menschen hervorrufen können. Für sie

»Du sollst das Feine vom Dichten sondern«

sind alle Gedanken und Gefühle ungefähr gleichwertig. Sie ahnen nicht, daß es auch auf diesem Gebiet Unterschiede gibt, genau wie bei der Nahrung oder den Brennstoffen, die nach ihrer Qualität in erste oder zweite Wahl eingestuft werden.

Früher heizte und beleuchtete man mit Stoffen von so minderer Qualität, daß man alles verräucherte, daß es in den Augen brannte, übel roch und man fast davon erstickte. Heute nimmt man den elektrischen Strom, der weder Rückstände noch Rauch verursacht. Man weiß auch, daß es sogar Kohle verschiedener Qualitäten gibt: angefangen bei einer Sorte, die viel Wärme und wenig Asche bringt, bis zu einer anderen die wenig wärmt und viel Schlacken produziert. Jeder Brennstoff, sei es Kohle, Holz, Öl, Benzin oder Stroh, enthält einige unbrennbare Elemente, aber in unterschiedlichen Mengen, und gerade dies ist ausschlaggebend. Jede Materie hat eine bestimmte höhere oder niedrigere Qualität. Deshalb müssen wir laufend auswählen. Für die Gefühle gilt das gleiche.

Die Gefühle können mit den Brennstoffen verglichen werden. Sie haben nicht alle eine gleich hohe Qualität. Sie können deswegen nicht alle das strahlendste Licht, die meiste Wärme oder die höchste Bewegungskraft geben. Genau wie bei der Nahrung können manche Gefühle »gegessen« und andere müssen ausgeschieden werden. Sie enthalten Schlacken und Verunreinigungen, die entfernt werden müssen, damit der Astralmagen sie besser verdauen kann. Nehmen wir einmal an, ihr seid wütend oder ihr seid voller Neid, Haß oder Rachegefühlen. Was verursachen diese Gefühle? Oh, sicherlich Wärme, aber auch viel Rauch und Schlacken, die euch vergiften. Seht ihr, das sollte jeder wissen. In der offiziellen Wissenschaft gibt es natürlich kein Studienfach, das die Gefühle behandelt und genau einstuft. Man nimmt alle möglichen Gefühle auf und läßt sie sich köstlich schmecken, ohne an die Folgen zu denken, die diese hervorrufen. Mit den Gedanken ist es ebenso. Man macht keine Unterschiede, es gibt keinerlei Werteinstufung.

Diejenigen, die glauben, ihren Leidenschaften und schamlosesten Wünschen freien Lauf lassen zu dürfen, sind im Grunde unwissend. Sie haben das menschliche Wesen nie eingehend studiert, um zu erkennen, wie es ursprünglich in den Werkstätten des Herrn geschaffen worden ist. Sie wissen nur, daß der Mensch einen Magen und ein Geschlecht hat, und die müssen natürlich befriedigt werden! Zugegeben, aber muß man nicht trotzdem eine Wahl treffen? Die Jugend wird bestimmt sagen: »Oh nein, bloß keine Wählerei«! In dem Moment, in dem sie eine Auswahl für ihre Nahrung akzeptieren, müßten sie doch eigentlich einsehen, daß sie sich durch bestimmte Gefühle und Vergnügungen krank machen?

»Du sollst das Feine vom Dichten sondern« 41

Der Mensch ißt Brot, Früchte, Gemüse, Fisch, Fleisch usw... Gut, in der Gefühlswelt gibt es eine ebenso vielseitige und reichhaltige Nahrung wie im stofflichen Bereich. Manche Gefühle entsprechen den Wurstwaren – ja, Blutwurst oder Schinken – andere gleichen dem Wein, den Früchten oder dem Gemüse. Leider kennen die Menschen die Sphären der Gefühle nicht. Sie verschlingen alles Mögliche und sind dann krank. Sie müssen also lernen, sich nicht länger von vergifteter Nahrung zu nähren, wie Wutausbrüche, Bosheit, Neid und hauptsächlich zu sinnliche Liebe, denn mit dieser Art zu lieben dringen zahlreiche schädliche Elemente ein.

Die Menschen haben ewig heiße Wünsche, alle bitten, fordern, verlangen... Man stößt jedoch nur sehr selten oder fast nie auf ein weises Auswählen: nur das zu nehmen, was die Entfaltung nicht gefährdet. Gerade die Weisheit ist das Wertvollste, aber nach ihr sucht keiner. Niemand will sie besitzen. Warum nicht? Weil die Menschen falsch überlegen. Sie sagen sich: »Wären wir vernünftig, dann müßten wir bestimmte Freuden und Vergnügen aufgeben, aber wir wollen uns doch nicht einschränken.« Wer so etwas zugibt, der gesteht seine eigene Dummheit und Unwissenheit ein. Wäre man weise genug, die Eigenschaften seiner Gefühle zu erkennen, um sie auszuwählen, dann wäre man im Gegenteil viel glücklicher. Doch wie können diese Blinden das Glück finden? Wer nichts sieht, nichts zu seinem eigenen Schutz unternimmt, der ist allen möglichen Gefahren ausgesetzt. Bildet euch nicht ein, daß das Glück auf euch zukommt, wenn ihr blind seid. Es wäre genau das gleiche, als würde man euch einen zugebundenen Sack anbieten und sagen: »Greifen Sie ruhig zu, in dem Sack ist alles möglich, nehmen Sie, was Ihnen gefällt.« Also steckt ihr eure Hand blindlings hinein, werdet von einer Giftschlange gebissen und fallt tot um. Ihr könnt mir glauben, solange ihr blind seid, wird es immer irgendwo eine Giftschlange geben, die euch beißen wird.

Der Mensch besitzt über seinen physischen Körper hinaus noch andere feinstofflichere Körper: den Äther-, Astral-, Mental-, Kausal- und Atmanleib.* Wenn er seinen Leidenschaften freien Lauf läßt, löst er Strömungen im Astralbereich aus, wo scheußliche Kreaturen hausen, die er unabsichtlich anzieht und die dann über die Menschheit herfallen. Die Ursache des größten Unheils ist die Unwissenheit der Menschen über ihre eigene Natur, über deren ständigen Austausch mit allen unsichtbaren Geschöpfen der anderen Sphären des Universums. Der Schüler soll also wissen, wie er in den Werkstätten des Schöpfers geschaffen worden ist, und daß er mit Be-

---

* Siehe Band 219 »Geheimnis Mensch. Seine feinstofflichen Körper und Zentren«

»Du sollst das Feine vom Dichten sondern«

wohnern anderer Ebenen verbunden ist. Dadurch wird ihm die Wichtigkeit einer Auswahl bewußt. Er beseitigt bestimmte Elemente, schließt vor den feindlichen Kräften die Türen und öffnet sie nur gegenüber den wohltuenden, harmonischen und aufbauenden Kraftströmen.

Meine lieben Brüder und Schwestern, ihr müßt wissen, daß euer Körper aus den Stoffen aufgebaut ist, die ihr aufnehmt. Folglich seid ihr unrein, wenn diese Elemente schmutzig sind und ihr seid krank, wenn sie schädlich sind. Dies ist nicht nur im körperlichen, sondern auch im psychischen Bereich ein absolutes Gesetz. Ebenso wie ihr beim Essen auf reine, gut gewaschene Nahrung achten sollt, müßt ihr auch eure Gedanken und Gefühle Tag und Nacht aufmerksam überwachen und auf das aufpassen, was in euch eindringt.

An jeder Landesgrenze stehen Zöllner, die die Ein- und Ausreise überwachen. Habt ihr an eurer eigenen Landesgrenze auch Zöllner aufgestellt, die alles Gefährliche und Schädliche zurückweisen? Eben nicht! Also kann jeder von wer weiß woher eindringen und euch vergiften. Stellt Grenzbeamte ein und bei jedem aufkommenden Gedanken fragt sofort: »Warte einmal, woher kommst du? Welche Farbe hast du? Was bringst du mir, wenn ich dich annehme?« Auf diese Weise könnt ihr die katastrophalen Folgen eines herbeigeflogenen Gedankens vorhersehen und ihn verjagen.

Auswählen ist eine ganze Wissenschaft. Die Gedanken und Gefühle haben nicht alle die gleiche Beschaffenheit, es gibt Abstufungen. Je höher ihr aufsteigt, desto reiner werden sie. Dies ist übrigens bereits auf materieller Ebene wahr. Oft sieht man, daß reine Stoffe leicht sind und aufsteigen, unreine dagegen sind schwer und setzen sich wie Satz oder Schlamm am Boden ab. Je reiner die Stoffe sind, desto widerstandsfähiger sind sie. Baut deshalb euren Körper aus den reinsten Elementen auf, dann widersteht ihr den Leiden und sogar dem Tod. Dann hat die euch zur Verfügung stehende Materie eine so hohe Qualität, daß weder Qualen noch Tod ihr etwas anhaben können. Krankheit und Tod sind nur dort mächtig, wo sie etwas angreifen können. Selbst der Teufel kann sich nur dort festklammern, wo er Schwächen und Leidenschaften, mit anderen Worten unreine Elemente vorfindet. Wenn der Mensch so viele unangenehme Geschehnisse in seinem Leben durchmachen muß, so bedeutet dies, daß er den negativen Kräften das Eindringen und Festsetzen erlaubt hat.

Ich habe euch schon immer gesagt, daß ich nicht gerne Bücher lese, denn nicht in den Schriften der Menschen, sondern im lebenden Buch der Natur – in das die kosmische Intelligenz alles geschrieben hat – finde ich die höchsten Wahrheiten der Existenz. Was ich euch heute sage, habe ich bei den Insekten, den Ameisen, Schaben und Wan-

»Du sollst das Feine vom Dichten sondern«

zen entdeckt. Ein sauberes Haus zieht keine Insekten an, aber sowie ein bißchen Schmutz oder verkommene Essensreste herumliegen, kommt das Ungeziefer. Woher haben sie gewußt, daß es dort etwas zu knabbern gibt?... Und warum beißen die Flöhe und Wanzen nur bestimmte Personen? Weil deren Blut Abfallstoffe enthält, die für diese Tierchen eine ausgezeichnete Nahrung darstellen. Sie mögen nur das Unsaubere, das Reine sagt ihnen nicht zu.

Wenn ihr nicht von diesen Tierchen überfallen werden wollt, säubert euer Haus. Wenn ihr nicht gestochen werden wollt, reinigt euer Blut. Wenn ihr die bösartigen Geister nicht eindringen lassen wollt, dann gebt ihnen keine Nahrung. Die Evangelien schildern Fälle, wo Geschöpfe vom Teufel besessen waren. Warum waren sie besessen? Weil die Dämonen in ihnen eine unreine Nahrung fanden, die ihnen zusagte. Deshalb sagte Jesus zu dem, dem er den Teufel austrieb: »Geh und sündige nicht mehr!« das heißt lasse keine Unreinheiten mehr in dich eindringen!

Für den Menschen ist es genauso wichtig, seine stoffliche wie auch seine geistige Nahrung zu wählen. Die erste beeinflußt seine Gesundheit, seine Schönheit und sogar seinen Verstand. Von der zweiten hängt seine ganze Zukunft ab. Die Qualität seiner Nahrung macht aus ihm entweder ein Elitewesen oder im Gegensatz einen Dummkopf oder Verbrecher.

III

ENTWICKLUNG UND SCHÖPFUNG

Schon seit Beginn seiner Entwicklung hat der Mensch Verlangen nach kreativer Tätigkeit gezeigt. Dies geht aus den archäologischen Entdeckungen der primitivsten Zivilisationen hervor. Sogar ein Kind will schon im jüngsten Alter bauen, zeichnen, malen... Man kann behaupten, daß einer der stärksten und beständigsten Instinkte des Menschen in dem Bedürfnis liegt, selbst Schöpfer zu sein, und somit seinem himmlischen Vater zu gleichen.

Die Kunst beweist, daß sich das menschliche Verlangen, selbst Schöpfer zu sein, nicht auf die Zeugung beschränkt, auf die einfache Fortpflanzung zur Erhaltung des Geschlechts. Dieses Verlangen etwas Schöneres, Feineres, Vollkommeneres zu finden, äußert sich als Drang weiterzugehen und einen Schritt voranzukommen.

Die schöpferische Macht des Menschen liegt über seinem normalen Bewußtseinsniveau. Sie liegt in einem Teil seiner Seele, der sich in diesem Augenblick als Fähigkeit äußert, Dinge zu entdecken, sich in Realitäten zu versenken, die ihn übertreffen und aus ihnen Elemente aufzunehmen. Schöpfen heißt, sich selbst übertreffen, sich selbst überbieten.

Alle revolutionären Entdeckungen zeigen, daß manche Erfinder bis in den Bereich der Vorstellung und noch höher bis zur Eingebung aufgestiegen sind. Dort nahmen sie Ideen und Bilder auf, die sie später wiedergaben und realisierten. Die offizielle Wissenschaft hat weder die Möglichkeiten noch die Eigenschaften der Eingebung erforscht, die, gleich einer Antenne oder einem Radar, Dinge vorhersehen, vorhersagen und sich in die Zukunft versetzen kann. Wenn manche Wissenschaftler, die auf halbem Weg zwischen offinzieller und esoterischer Wissenschaft stehen, von Zeit zu Zeit phantastische Ideen aufbringen, glaubt man ihnen nicht, sie werden zurückgewiesen und kritisiert. Aber später muß jeder anerkennen, daß sie große Wegbereiter waren.

Die Vorstellungskraft des Menschen ist wahrhaft schöpferisch. Wenn er sie zu reinigen und in vollkommener Klarheit zu kultivieren weiß, kann sie ihn zur Erkenntnis von Tatsachen führen, die bisher noch nicht einmal vorstellbar waren. Alle Erfinder waren stundenlang in ihre Versuche und Meditationen versunken. Keiner kann bestreiten,

Entwicklung und Schöpfung

daß sich ihre Eingebung als eine tatsächliche Fähigkeit erwies. Hier, in einer Einweihungsschule, tun wir das gleiche wie sie, jedoch bewußt. Wir kennen die Gründe und richten im Unterschied dazu unsere Vorstellungskraft nicht auf physikalische, chemische oder technische Entdeckungen, sondern auf innere, geistige Erkenntnisse. Sie ermöglicht auch uns Entdeckungen, die die meisten nicht einmal erahnen können.

In anderen Vorträgen sagte ich euch bereits, daß die Einbildung als eine in uns wohnende Frau betrachtet werden kann. Sie setzt Kinder in die Welt, die je nach der Qualität des Samens, den wir ihr gegeben haben, gut gelungen oder mißraten sind. Wenn diese Kinder Dummheiten machen oder Schaden anrichten, muß der Vater die Strafe bezahlen. Er wird unter Umständen sogar an ihrer Stelle verfolgt, bestraft und enteignet. Wenn die Kinder aber Preise gewinnen, dann wird der Vater gerühmt. Ihr fragt: »Um welche Kinder handelt es sich?« Um unsere Gedanken und Gefühle, deren Vater wir selbst sind. Dies ist wiederum ein umfangreiches Gebiet, das erlernt und vertieft werden muß, aber ich will nicht vom Thema abweichen und wieder auf den Kernpunkt zurückkommen.

Der schöpferische Instinkt also, den wir alle in uns tragen, drängt uns dazu, unsere normalen Fähigkeiten zu übertreffen und uns in andere

Sphären, andere Welten zu versetzen, die von ätherischen, subtilen, lichtvollen Existenzen bewohnt sind. Der Teil unseres Selbst, der sich fortbewegen, höher aufsteigen und bestimmte, völlig neue Elemente aufnehmen kann, macht es möglich, daß wir Kinder zeugen oder Meisterwerke schaffen können, die uns übertreffen und überragen. Oft ist das Werk bedeutend schöner als sein Schöpfer. Mitunter sieht man einen kleinen, nichtssagenden Mann, und gerade dieser hat ein kolossales Werk geschaffen, das eher eines Riesen, eines Titanen, würdig wäre! Sein feinstoffliches Selbst, das sich frei bewegen kann, ist sehr weit gegangen, sehr hoch aufgestiegen. Es hat sich dort oben bereichert und neue Elemente aufgenommen. Als er sich später an die Arbeit machte, entstand unter seinen Händen ein erstaunliches, wundervolles Werk, das jeden entzückt.

Wenn auch jeder Mensch das Bedürfnis hat, etwas zu schaffen, so gibt es doch leider nur wenige, die imstande sind, wahre Schöpfer im Bereich des Geistes zu sein. Sehr wenige erreichen dieses Niveau und wissen, daß die Herstellung göttlicher Werke die Kenntnis über gewisse Gesetze und ganz bestimmte Übungsmethoden verlangt. Welche Methoden? Das werdet ihr gleich sehen...

Woher kommt es, daß die Erde, die im Winter so eintönig, nackt und unfruchtbar ist, sich im Frühling mit einer so schönen und farbenreichen

Entwicklung und Schöpfung 53

Pflanzenpracht bekleidet: Gräser, Blumen, Bäume und Früchte? Weil die Erde in dieser Jahreszeit der Sonne länger ausgesetzt ist und dann bestimmte Elemente auffängt. Sie macht sich an die Arbeit und übertrifft sich selbst. Sie schafft phantastische, farbenfrohe, süße, duftende »Kunstwerke«, die sie an alle Wesen verschenkt. Ebenso soll auch der Mensch, wenn er bedeutende Werke schaffen will, eine Sonne suchen, ein mächtigeres und klügeres Wesen finden, mit dem er in Verbindung tritt und sich vereint.

Begreift ihr jetzt, warum wir morgens dem Sonnenaufgang beiwohnen? Damit wir lernen, Dinge zu schaffen, die der Sonne gleichen: neue, kristallklare Werke, voll Licht, Wärme und Leben. Aber in Wirklichkeit ist die Sonne ein Symbol... ein Symbol Gottes, zu dem wir finden und mit dem wir uns vereinen sollen, denn dank dieses Austausches mit Ihm können wir selbst Schöpfer werden wie Er. Gerade hierin liegt der Grund des Gebets, der Meditation, der Kontemplation und jeglicher geistigen Übung. Ich weiß nicht, ob euch dies völlig klar geworden ist und will versuchen, diese Frage noch weiter zu vertiefen.

Ich wollte schon lange die materialistische Philosophie bekämpfen und vernichten. Ihr sagt: »Welch ein hochgestecktes Ziel, welch eine Überheblichkeit. Bis jetzt ist dies noch keinem gelungen.« Gut, aber ich habe einige ganz einfache Argumente und glaube, es mit ihnen schaffen zu können. Ich nehme zwei Gläser und gieße in jedes Glas ein anderes Parfum. Die beiden Gläser bleiben voneinander getrennt, sind zwei festumrissene Gegenstände. Aus materialistischer Sicht besteht keinerlei Verbindung zwischen ihnen. Das trifft auch zu, soweit es sich um den Behälter, die äußere Form handelt. Die Gläser bleiben tatsächlich voneinander getrennt. Betrachtet man jedoch den Inhalt, dann stimmt diese Feststellung nicht mehr. Jedes Parfum strömt feinstoffliche Teilchen aus, die aufsteigen, sich in der Luft verbreiten und ineinander aufgehen. Die Wissenschaft, die sich nur mit sichtbaren fühlbaren und meßbaren Phänomenen beschäftigt, weiß nicht, was in den subtilen Sphären der Quintessenzen und im Bereich der unsichtbaren Strömungen geschieht. Ihre Ansicht stimmt hier nicht länger mit der Wahrheit überein, da ihr die Hälfte der Tatsachen entgeht.

Nehmen wir jetzt die Sonne. Sie ist weit weg, Millionen von Kilometern entfernt und trotzdem fühlen wir sie. Sie erreicht, wärmt und heilt uns. Wie kann sie uns trotz der Entfernung so nahe kommen? Weil sie ihre Quintessenz ausströmt und ihre Strahlen aussendet, die ein Teil von ihr selbst sind. Mit ihren Strahlen stellt sie den Kontakt zu uns her, umarmt, streichelt, durchflutet uns und wir verschmelzen mit ihr. Da Licht und Wärme der

Entwicklung und Schöpfung 55

Sonne nichts anderes als sie selbst sind, kann man sagen, daß sich Sonne und Erde berühren, daß sich die Planeten untereinander berühren. Schaut einmal unseren Planeten an. Hier gibt es Erde, über der Erde Wasser, über dem Wasser Luft, über der Luft Äther. Und in diesem Bereich, kann man sagen, berühren sich die Planeten. Sie verschmelzen nicht in ihrem soliden, sondern im feinstofflichen Bereich, in ihrer Seele. Deshalb hat die Astrologie schon immer an die Einflüsse der Planeten und Konstellationen geglaubt.

Laßt uns jetzt einmal die kleinen Planeten – Mann und Frau – studieren. Was geschieht zwischen ihnen? Hier steht ein junger Mann und dort ein junges Mädchen. Sie blicken einander an, lächeln... Betrachtet man die Situation aus materialistischer Sicht, sagt man: »Hier gibt es zwei festumrissene, voneinander getrennte Körper, die einander nicht berühren. Folglich besteht zwischen ihnen keinerlei Kontakt.« Wer die Frage jedoch von einem geistigen Gesichtspunkt aus betrachtet, wird sich anders äußern: Da die Seelen der beiden jungen Leute miteinander in Verbindung stehen, sind sie tatsächlich durch ihr Fluidum und ihre Ausstrahlungen miteinander verschmolzen, genau wie die Strahlen zweier Sonnen im Raum ineinander übergehen.

Diese wenigen Worte können euch begreiflich machen, daß der Mensch dank seiner feinstofflichen Körper die universelle Seele erreichen und sich mit ihr vereinen kann. Hier liegt die Basis des Gebets. Das Gebet ist nichts anderes als ein Austausch mit dem Schöpfer, eine Handlung, durch die wir uns erheben und Elemente aufnehmen, die uns beim Schaffen vollkommener, göttlicher Werke helfen. Hier habt ihr wieder einen wesentlichen Punkt der kosmischen Moral. Wenn ein Künstler ein ewiges, unvergeßliches Kunstwerk schaffen will, darf er nicht nur auf dem Niveau seiner fünf Sinne bleiben, wie es augenblicklich viele tun. Heute ist die Wiedergabe des Alltäglichen große Mode in der Kunst. Die meisten Künstler wissen nicht mehr, wie sie sich erheben können, um göttliche Schönheiten zu schauen. Sie bieten dem Publikum nur Alltägliches oder wahrhaft Abschreckendes, weil sie das Geheimnis des wahren Schaffens vergessen haben.

Wer ein wahrer Schöpfer werden will, muß sich mit der Gottheit verbinden, von ihr Partikel aufnehmen und diese dann an seine Schöpfung weitergeben. Auf diese Weise übertrifft ihn dann sein Kind oder Werk an Schönheit und Verstand. Seht ihr, meine lieben Brüder und Schwestern, das sind neue Horizonte. Das Wissen über den Austausch mit dem Höheren... das Wissen, daß Gebet, Meditation und Kontemplation Mittel des Schaffens sind. Ein ganzes Menschenleben würde nicht ausreichen, all diese unzähligen Möglichkeiten zu erforschen.

Entwicklung und Schöpfung

Für den Menschen gibt es nichts Wichtigeres, als die Verbindung zu Gott wieder herzustellen. Habt ihr nicht erkannt, daß die Geburt eines Kindes auf dem gleichen Gesetz beruht? Die Mutter muß sich mit dem Vater vereinen, mit ihm verschmelzen. Jede Schöpfung braucht die Vereinigung eines Vaters und einer Mutter. Wenn aber bei der Zeugung das Feinstoffliche, die Seele, die Vorstellungskraft ausbleiben – durch die hochwertigere Elemente aufgenommen werden können – dann mißlingt die Schöpfung gänzlich. Sie zeigt zumindest keinerlei Verbesserung im Vergleich mit den Eltern. Das Schaffen ist jedoch kein Stillstand, keine einfache Wiedergabe, keine Kopie, sondern ein Schritt nach vorne, eine Weiterentwicklung. Dank dieses schöpferischen Instinkts macht jedes Wesen Fortschritte, entwickelt sich der ganze Kosmos. Denn alles, außer Gott, muß sich weiterentwickeln und verbessern.

IV

MENSCHLICHE UND GÖTTLICHE GERECHTIGKEIT

I

Die Menschen haben schon vor Jahrtausenden erkannt, daß die gemeinschaftliche Existenz auf dem Gesetz des Austausches beruht. Die Erfahrung hat sie gelehrt, daß das Leben nur unter der Bedingung des Nehmens und Gebens, des Gebens und Nehmens möglich ist. Dies gilt auf jedem Niveau: dem physischen, psychischen und geistigen. Dieses Gesetz des Austausches haben sie Gerechtigkeit genannt. Wer etwas nimmt, muß etwas Gleichwertiges geben. Wem es gelingt, die beiden Seiten im Gleichgewicht zu halten, der zeigt sich als gerechter Mensch.

Aber die Leute kümmern sich nicht besonders um das Geben oder das genaue Zurückerstatten ihrer Schuld. Sie nehmen viel und geben sehr wenig, damit ist der Fall erledigt. Sie vermuten jedoch nicht, daß sich ihre Schulden nach und nach in ihrem Inneren einprägen, dort irgendwo auf einer kleinen Spule registriert werden. Nachher müssen sie dann durch Leiden bezahlen. Sie aßen, tranken, stahlen, mißbrauchten die Liebe mancher Menschen, die sie verführt und betrogen haben und bilden sich ein, daß sie ungeschoren davonkommen können, indem sie die Flucht ergreifen. Da irren sie sich aber. Selbst wenn sie ihren Namen ändern oder auswandern, finden die Herren des Karmas – die ihre Abdrücke registriert haben – ihre Spuren wieder. Oft erreichen sie sie bereits im gleichen Leben und fordern nach zahlreichen Jahren die Begleichung der Schulden. Viele Leiden sind nichts anderes als der Ausgleich für die Ungerechtigkeiten, die der Mensch begangen hat.

Die Gerechtigkeit sollte als Befreiung angesehen werden. Erst wenn das Genommene zurückgegeben oder bezahlt ist, ist man frei. Deshalb möchte ich euch jetzt dazu bringen, die Gerechtigkeit in eurem Verhältnis zur Familie, zur Gesellschaft, zur Natur und sogar zum ganzen Kosmos besser zu verstehen.

Der Mensch hat von seinen Eltern einen Körper, das Leben (sagen wir ruhig »das Leben«, obwohl sie es nicht selbst schaffen, sondern nur weitergeben), Kleidung, Nahrung, Unterkunft und Erziehung bekommen... Das sind eine Menge Schulden, die sich angesammelt haben und bezahlt werden müssen. Viele Kinder wollen diese Schulden nicht anerkennen, sie kritisieren ihre Eltern,

Menschliche und Göttliche Gerechtigkeit 63

sträuben sich und hassen sie sogar. Das ist ungerecht. Die Eltern haben sie geliebt, für sie gelitten, sie ernährt, gekleidet, geschützt, haben sie betreut, als sie krank waren und sich um ihre Ausbildung gekümmert. Folglich ist der Mensch zuerst gegenüber seinen Eltern Schuldner.

Außerdem hat er auch der Gesellschaft und seinem Staat gegenüber Schulden, denn diese bieten ihm eine ganze kulturelle Erbschaft, eine Zivilisation mit Schulen, Museen, Bibliotheken, Laboratorien, Theatern... Sie stellen auch Züge, Passagierschiffe, Flugzeuge, Ärzte für seine Behandlung, Erzieher und Lehrer für seine Ausbildung, Soldaten und sogar Polizisten für seinen Schutz zur Verfügung! Dann schuldet er auch seiner Rasse, die ihm seine Hautfarbe, seine geistige und körperliche Gestalt und eine bestimmte Mentalität gegeben hat. Das ist aber noch nicht alles. Er hat sich sogar gegenüber der Erde verpflichtet, die ihn getragen und ihn mit ihren Früchten genährt hat; ebenso gegenüber dem ganzen Sonnensystem (denn dank der Sonne und der Planeten werden wir dauernd unterstützt, belebt und gestärkt). Er ist auch dem ganzen Universum und schließlich sogar dem Herrn gegenüber verpflichtet.

Wieviele Leute erkennen, daß sie immer nur nehmen, nehmen, nehmen und jetzt schon enorm viel schulden?... Ah, ihrer Ansicht nach schulden sie nichts und nicht nur dies, sie dürfen obendrein noch alles kritisieren und zerstören. Was ist das für eine Einstellung! Eines wissen sie jedoch nicht: wenn sie so weitermachen, dann werden sie untergehen, denn die Natur duldet keine Wesen, die ihre Gesetze nicht respektieren. Für sie sind das gefährliche Leute, die sie auf die eine oder andere Weise eliminiert.

Der Schüler, der erkannt hat, wie wichtig das Gesetz der Gerechtigkeit ist, liebt zuerst seine Eltern und kümmert sich um sie, damit er seine Schuld bei ihnen begleicht. Dann *zahlt* er auch etwas an die Gesellschaft, die Nation, die ganze Menschheit, das Sonnensystem, den gesamten Kosmos und schließlich an den Herrn zurück. Er gibt seine Arbeit, seine Gedanken, seine Gefühle, seine Dankbarkeit... Durch sein Handeln sendet er ununterbrochen etwas Gutes ins gesamte Universum. Auf diese Weise befreit er sich von seinen Schulden, und die Natur erkennt ihn als klugen Menschen an. Alle anderen, die nicht so handeln, betrachtet sie als Diebe, als unehrliche und ungerechte Kreaturen, denen sie manchmal auf die Finger klopft, damit sie lernen und vernünftig werden.

Gerecht sein heißt, zuerst einmal begreifen, daß es Gesetze gibt und daß wir für alles, was wir der Natur entziehen, bei ihr Schulden machen, sei es die Nahrung, die Luft, das Wasser, die Wärme oder die Sonnenstrahlen. Da diese Schuld nicht mit Geld zu begleichen ist, müssen wir sie mit un-

Menschliche und Göttliche Gerechtigkeit

serer Liebe bezahlen, mit unserer Dankbarkeit, unserer Achtung und unserer Bereitschaft alles zu lernen, was sie in ihr großes Buch geschrieben hat. Wir bezahlen auch, indem wir allen Geschöpfen Gutes tun, ihnen unsere Wärme und unser Licht schenken. Nehmen wir jetzt einmal an, ihr habt einen Meister, der euch große Schätze gegeben hat... Was schuldet ihr ihm genau? Werdet ihr ihn erleuchten, belehren und trösten, genau wie er es für euch tat? Natürlich nicht, das braucht er gar nicht. Nicht für ihn, sondern für andere solltet ihr dies tun. Gebt allen Mitmenschen das Gute, das er euch gab, dann ist er zufrieden und ihr habt eure Schuld bei ihm getilgt.

Wir müssen die Luft, die wir geatmet und das Wasser, das wir getrunken haben, nicht mit gleichem bezahlen. Wie könnten wir wohl die Luft, das Wasser oder gar die Wärme oder das Licht der Sonne aufbringen?... Wir haben unseren Körper von der Erde erhalten, und werden ihn ihr eines Tages zurückgeben; es geht gar nicht anders. Aber bis dahin, solange wir lebendig sind, behalten wir ihn – keiner verlangt ihn von uns. Was wir aber geben können, sind unsere lichtvollen Ausstrahlungen. Der Mensch wurde nämlich in Gottes Werkstatt geschaffen, auf daß er seine Strahlen und sein Licht ins ganze Universum aussendet. Er hat eine Quintessenz aus Licht erhalten, die er fortwährend verstärken, beleben und in den Raum aussenden kann. Natürlich nur unter der Bedingung, daß er sich darin geübt hat, denn sonst bringt er nur Finsternis hervor. Seht ihr, das sind neue Begriffe für euch! Im körperlichen Bereich sind wir begrenzt, auf geistiger Ebene aber besitzen wir unendliche Möglichkeiten und können alles, was uns gegeben wurde, hundertfach zurückerstatten.

Ihr meint, daß euch die Gerechtigkeit noch nie so dargestellt worden ist? Ja, das weiß ich, die menschliche Gerechtigkeit ist derartig begrenzt! Einige Geschichten vor Gericht: Mord, Diebstahl, Scheidungen... Die göttliche Gerechtigkeit ist jedoch etwas anderes. Sie ist die einzig wahre Gerechtigkeit, deren Wesen ihr endlich verstehen sollt. Wenn ihr merkt, daß euch jemand haßt, dann gibt es eine Ursache dafür. Sucht sie! Vielleicht schuldet ihr ihm etwas... Warum befreit ihr euch nicht von diesem Haß, indem ihr diesem Menschen auf körperlicher oder auf geistiger Ebene etwas Gutes tut? Wenn ihr eure Befreiung beschleunigen wollt, dann wählt die höhere Gerechtigkeit: Güte, Großzügigkeit, Liebe, Aufopferung. Auf diese Weise wird eine Schuld, die ihr in Jahren und Jahrhunderten nicht hättet vergelten können, schnell beglichen, manchmal sofort. Deshalb haben manche Menschen Verfolgung, Tod und Marter akzeptiert; sie wollten sich befreien und die Schulden mehrerer Reinkarnationen bezahlen. Die wahrhaft Erleuchteten wählen den kürzesten Weg,

Menschliche und Göttliche Gerechtigkeit

sie haben es eilig, sie wollen nicht länger gebunden und unglücklich in den niederen Sphären verharren. Sie wollen frei sein und akzeptieren das Leiden.

Gewiß, solche Menschen sind selten. Die meisten ziehen die Flucht vor und versuchen, durch List der Bezahlung ihrer Schulden zu entgehen. Ja, aber das karmische Gesetz findet sie überall und befiehlt: »Jetzt wird bezahlt!« Viele Zuhörer halten sich jetzt die Ohren zu, aber eines Tages, wenn sie unter der Last ihrer Schulden zusammenbrechen, werden sie die Wahrheit meiner Worte erkennen. Sie werden sich entschließen, ihre Schulden aufzurechnen, zu prüfen, wem sie wieviel schulden und ihre Schulden dann auf die eine oder andere Weise zurückerstatten. Wenn sie es nicht dem Vater wiedergeben, dann seinem Sohn oder seiner Frau.

Seht ihr, hier liegt die Aufgabe des Schülers. Von jetzt an soll er sich um seine Schulden kümmern, sie begleichen und sogar mehr als nötig geben, damit er sich schneller befreit. Dies ist wiederum eine Aufgabe für euch: schaut einige Tage lang auf euer Leben zurück, fragt euch wie ihr gehandelt habt, wem ihr etwas, ohne den Gegenwert zu erstatten, genommen habt. Dann sucht diese Personen auf, entschuldigt euch bei ihnen, gebt ihnen, was ihnen zukommt oder helft ihnen und sagt: »Ich war unwissend und blind, verzeiht mir meine

Fehler. Nehmt dies an, damit wir von jetzt an in Frieden miteinander leben!«

Angenommen, ihr könnt eure Gläubiger nicht mehr treffen, weil sie die Erde bereits verlassen haben. Dann geht in Gedanken zu Gott und bittet Ihn: »Herr, heute begreife ich zum ersten Mal, wie ungerecht ich zu den anderen war. Ich habe sie betrogen und ausgenutzt... Zum Wiedergutmachen ist es jetzt zu spät, trotzdem möchte ich aber weiterkommen, Fortschritte machen. Also Herr, könnten wir nicht einen Handel abschließen? (Gerechtigkeit und Handel sind ungefähr das gleiche). Nimm mein Leben, ich will es in Deine Dienste stellen; es ist der wertvollste Besitz, den ich habe. Verfüge darüber als Bezahlung meiner Schulden. Du weißt besser als ich, wem ich etwas schulde. Ich stehe in Deinen Diensten für alle Ewigkeit«. Das ist der beste Weg, die Sache zu bereinigen.

Wenn der Herr sieht, daß ihr einen so hohen Bewußtseinsgrad erreicht habt, daß ihr Ihm euer Leben für alle Ewigkeit widmen sollt (betont: »...für alle Ewigkeit, Herr nicht nur für dieses eine Leben!«), dann ist Er von dem Licht überwältigt, das von euch ausgeht. Er weiß nämlich genau, daß strahlendes Licht in euch sein muß, wenn ihr derartiges fühlen und sagen könnt, und davon ist Er geblendet. Eine solche Großzügigkeit läßt Ihn noch großzügiger sein, denn Er will euch ja nicht nachstehen. Er wird also viele eurer Schulden aus-

Menschliche und Göttliche Gerechtigkeit

löschen und sagen: »Nun gut, reden wir nicht mehr darüber. Sie sind bezahlt und beglichen. Geh' und mach' dich jetzt an die Arbeit!«

Als ich jung war, habe ich jahrelang den Himmel angefleht und gefragt: »Was kann ich tun? Ich bin schwach, dumm, durchschnittlich, eine Null... Ist Euch wirklich so viel daran gelegen, daß ich so bleibe wie ich bin? So wie ich bin, kann ich Euch von keinem Nutzen sein. Eines kann ich Euch jetzt schon sagen, meinetwegen werdet Ihr sogar jammern müssen. Also beeilt Euch, nehmt mir alles, laßt mich sogar sterben, aber kümmert Euch um mich. So wie jetzt kann ich nicht weiterleben. Schickt mir Engel, alle klugen, reinen und edlen Geschöpfe. Das wird Euch selbst zugutekommen, denn sonst würde ich nur Dummheiten machen, was dann Eure Schuld wäre, weil Ihr mein Gebet nicht erhört habt!« Seht ihr, ich habe ihnen gedroht. In der höheren Welt haben sie sich dann am Kopf gekratzt und gesagt: »Aha, der treibt uns in die Enge«. Also haben sie sich zusammengetan, haben eine Sitzung abgehalten und erkannt, daß ich tatsächlich nur Unfug gemacht hätte, hätten sie mich so gelassen, wie ich war. Deshalb haben sie einen Beschluß gefaßt und gesagt: »Nun gut, wir werden ihn erhören.« Jetzt endlich scheint mir, daß ich ab und zu nicht vollkommen verwerflich handle.

Warum betet ihr nicht genauso? Worauf wartet

ihr? Nun zu, verlangt das gleiche! Ach ja, man hat Angst, Gott sein Leben zu widmen, man will es für sich behalten. Wie oft habe ich Leute sagen hören: »Ich will mein eigenes Leben führen.« Ja, aber welches Leben, ein idiotisches oder himmlisches? Jeder hat nur seine eigene Existenz im Sinn, d. h. ein unbedeutendes Dahinleben.

Jetzt aber sollt ihr ein anderes Ziel anstreben und sagen: »Herr, mir wird langsam klar, daß ich ohne Dich, ohne Dein Licht, ohne Deinen Verstand nichts bin. Jetzt schäme ich mich und ekle mich vor mir selbst. Deshalb bin ich bereit, Dir zu dienen, ich will etwas für Deine Kinder, für die ganze Welt tun.« Dies sollt ihr Tag und Nacht wiederholen. Selbst wenn sich der Herr die Ohren zuhält, weil Er euer Gejammer nicht mehr hören kann, macht trotzdem weiter! Die 24 alten Weisen werden einen Rat abhalten. Ich kenne ihre Versammlung und weiß, daß ein wunderbares, göttliches Wesen den Vorsitz hat... Wenn sie sich derartig von euren Gebeten verfolgt fühlen, werden sie über euch entscheiden und sagen: »Nun gut, an diesem Tage, zu dieser Stunde, soll eine Änderung in seinem Leben eintreten.« Dieser Beschluß wird alsbald in allen Bereichen des Universums verkündet, und die Engel und alle Himmelsdiener machen sich sofort daran, ihn auszuführen. Dann werdet ihr merken, daß sich an eurem Schicksal tatsächlich etwas geändert hat.

II

Die meisten Menschen können ihre Neigungen nicht beherrschen. Wenn sie von jemandem enttäuscht werden, machen sie ihn mit allen Mitteln bei den anderen schlecht und legen ihm Steine in den Weg. Sie kümmern sich nicht darum, ob derjenige dadurch krank oder gar zum Selbstmord getrieben wird. So weit gehen ihre Überlegungen nicht, sie ahnen nicht einmal, daß der Himmels sie dafür verantwortlich machen kann und sie sich dadurch ein schweres Karma aufladen. Wenn ihr betrogen oder enttäuscht worden seid, habt ihr noch lange kein Recht, überall zu erzählen, was man euch angetan hat. Ihr wendet ein: »Es war doch nur um der Gerechtigkeit willen!« Nein, gerade diese Auffassung von Gerechtigkeit ist der Ursprung allen Übels. Jeder glaubt, im Namen der Gerechtigkeit andere strafen oder ihnen eine Lektion erteilen zu dürfen. Laßt die Gerechtigkeit beiseite. »Aber was kann man denn sonst tun?«

Nehmt das Prinzip zur Hilfe, das über der Gerechtigkeit steht: die Liebe, die Güte, die Großzügigkeit.

Vor zweitausend Jahren schon brachte Jesus diese neue Lehre der Liebe. Die Christen aber wenden immer noch das Gesetz von Moses an: »Auge um Auge, Zahn um Zahn.« Sie haben bis jetzt noch nicht begriffen, daß die wahre Größe, die wahre Freiheit nicht durch das Gesetz der Gerechtigkeit erreicht werden kann. Triumphiert ihr, wenn ihr euren Gegner völlig am Boden zerstört seht? Vielleicht seid ihr dann nicht mehr so stolz auf euch und bereut euer Handeln. Aber dann ist es zu spät. Ihr habt euch damit schon ungünstige Voraussetzungen für dieses oder das nächste Leben geschaffen.

Ihr sollt also lernen, eine neue Einstellung zu gewinnen. Ihr habt jemandem Gutes getan, habt z. B. Geld geschenkt. Eines Tages merkt ihr, daß dieser eure Hilfe gar nicht verdient hat, und nun erzählt ihr überall, was ihr für ihn getan habt und überzeugt alle, daß er eure Großzügigkeit gar nicht verdiente. Warum muß man darüber sprechen? Ihr zerstört eure gute Tat, wenn ihr mit jedem darüber sprecht. Oben war schon alles registriert und eine Belohnung für euch vorgesehen – jetzt aber verwischt ihr durch euer Handeln die gute Tat.

Ganz gleich, ob man euch betrogen oder geschädigt hat, sprecht nicht davon. Euer Verhalten

Menschliche und Göttliche Gerechtigkeit 73

soll im Gegenteil dem anderen zeigen, daß ihr mehr wert seid als er. Eines Tages wird er sich schämen und nicht nur das Schlechte wiedergutmachen, sondern euch sogar als Vorbild nehmen wollen. Wann werdet ihr euch endlich zu einem würdigen und edlen Verhalten entschließen? Drückt doch ein wenig die Augen zu und verzeiht. So wachst ihr und werdet großartig. Irgendwann wird euch hundertfach vergolten werden, was ihr dabei verloren habt. Wenn ihr euch nicht zu dieser Einstellung durchringen könnt, werdet ihr durch eure Rachegedanken sehr viel Negatives hervorrufen, das eines Tages wieder auf euch zurückkommen wird. Dann werdet ihr diejenigen sein, die zertreten werden. Dann werdet ihr wohl begreifen, wie dumm euer Verhalten war. Folglich solltet ihr euch also nie rächen, was immer man euch auch antut. Wartet lieber ab, bis sich der Himmel zu euren Gunsten äußert. Habt ihr richtig gehandelt, wird er es früher oder später tun.

Ihr sollt also jetzt begreifen, wie nützlich es ist, das Licht der Einweihung zu erhalten. Wird ein gewöhnlicher Mensch geschädigt oder beleidigt, wehrt er sich und will mit seinem Gegner – wie er so schön sagt – abrechnen. Jeder findet das normal und gerecht. Ja, gerecht nach Ansicht der Masse und deren Auffassung von der Rechtsprechung. Wie ich aber schon sagte: »Was für die gewöhnlichen Menschen Gerechtigkeit bedeutet, ist in den

Augen der Eingeweihten Dummheit.« Denn was wird geschehen? Sobald sich der Mensch seinen Rachegedanken hingibt, tritt er in einen höllischen Kreislauf, dem er nicht wieder entkommen kann. Er ist einen Feind losgeworden – einverstanden – aber es tauchen immer neue auf, die er ebenfalls beseitigen muß, das heißt er nährt ständig Gefühle und Einstellungen, die nur seine niedrige Natur stärken. Was hat er also letztlich gewonnen? Nichts, denn alle beseitigten Gegner kommen wieder. Sie sind nicht endgültig aus der Welt geschafft, verkörpern sich erneut und haben dann Gelegenheit, sich zu rächen. So verschafft sich derjenige, der glaubte, sich von seinen Feinden zu befreien, in Wirklichkeit viele zukünftige Gegner, und ist am Ende selbst der Unterlegene.

Die alte Methode der Rache bringt keinerlei Lösung. Im Gegenteil, sie kompliziert die Dinge, erschwert das Dasein, erhöht die karmischen Schulden und führt zu Niederlagen, bei denen der Mensch früher oder später untergehen muß. Man kann dann wohl nicht behaupten, daß man mit göttlichem Verstand gehandelt hat!

Aber nehmen wir jetzt einen wahren Eingeweihten als Beispiel. Auch er wurde zwangsläufig von Leuten, die Interesse hatten, ihn zu bekämpfen, geschmäht, beschimpft, geschädigt und gedemütigt. Da er jedoch die Gesetze kennt, wendet er andere Methoden an. Anstatt sich an seinen

Menschliche und Göttliche Gerechtigkeit 75

Gegnern zu rächen, läßt er sie in Ruhe, läßt sie frei und zufrieden. Sie sollen sich ruhig so entfalten, wie sie es für richtig halten. Er weiß schon im voraus, wie sie enden werden und in der Zwischenzeit bereitet er sich vor. Worauf? Auf ihre Liquidierung? Nein, ich sagte bereits, er will sich keine Schulden aufladen, sondern frei und stark sein. Seine Macht liegt nicht darin, zum Gewehr oder zur Pistole zu greifen und auf seinen Feind zu schießen; dies ist kein Zeichen von Stärke, sondern von Schwäche... und obendrein noch Dummheit!

Der Eingeweihte bereitet sich also indessen vor, er sagt: »Aha! Ihr meint, Ihr habt mich beseitigt? Wartet nur ab, Ihr werdet schon sehen, was Euch blüht!« Dann beginnt er eine ungeheure Arbeit an sich selbst, er betet, meditiert, lernt und übt sich, bis er eines Tages die wahre Weisheit, die wahre Macht besitzt. Wenn seine Feinde ihn dann zufällig treffen, sind sie vollkommen überwältigt. In ihrem Hirn, ihrem Herzen und ihrer Seele geht etwas Unbeschreibliches vor... Im Licht des Eingeweihten, der statt sich zu rächen, eine Arbeit an sich selbst geleistet hat, fühlen sie sich häßlich und dumm, sehen ein, daß sie ihr Leben bisher vergeudet haben, und entschließen sich zur Besserung. Seht ihr, das ist der wahre Sieg, der wahre Triumph für einen Eingeweihten. Obwohl er seine Feinde in Frieden ließ, hat er doch die Oberhand gewonnen, auch ohne sie anzugreifen.

In Bulgarien sagen wir: »Ein Betrunkener braucht gar nicht erst angestoßen zu werden, er fällt von alleine um!« Ja, das stimmt, wer von seinem eigenen Hochmut, seiner Selbstgefälligkeit, seiner Erhabenheit trunken ist, wird eines Tages von selbst umfallen. Wenn ihr ihn anstoßt, dann macht euch das Gesetz für seinen Sturz verantwortlich. Laßt ihr ihn jedoch in Ruhe, dann fällt er unweigerlich von alleine um und ihr seid unschuldig. Kümmert euch in dieser Zeit lieber um eure eigene Besserung, um das Reine, Lichtvolle und Göttliche. Ist das nicht die beste Lösung? Ja, bestimmt! Gewiß, diese Methode verlangt natürlich viel Liebe, Güte, Ausdauer und Licht, aber sie ist die wirksamste, die ich kenne. Ohne Bosheit, ohne Rache häufen sich die glühenden Kohlen auf den Häuptern eurer Feinde. Sie werden euch sehen und das genügt. Dann werden sie bereuen und das Schlechte, das sie euch angetan haben, wieder gutmachen wollen.

Denn es gibt schließlich ein Naturgesetz: Eines Tages – wenn nicht in diesem Leben, dann im nächsten – muß jeder, der euch schlecht behandelt hat, seine Fehler bei euch wieder gutmachen. Vielleicht seht ihr in manchen instinktiv frühere Feinde und wollt euch ihrer entledigen. Nichts zu machen, sie kreisen weiter um euch, und bieten euch ihre Dienste an. Dies ist das Gesetz. Vielen

Menschliche und Göttliche Gerechtigkeit

ist es schon so ergangen. Das Gesetz zwingt jeden, der euch Schlechtes angetan hat, und dem ihr nicht mit Schlechtem geantwortet habt, seine Fehler zu verbessern. Ob er will oder nicht, seine Meinung ist nicht maßgebend.

Der Eingeweihte kann sich rächen; ja, aber nur mit seiner Liebe und mit seinem Licht. Auch ihr dürft euch rächen, das ist ganz normal, warum nicht? Aber es gibt zwei verschiedene Methoden dafür: entweder den Gegner niederzuschlagen und am Boden zu zerstören oder ihn unversehrt zu lassen und in seinem Herzen, in seiner Seele eine Wandlung hervorzurufen, die sowohl für euch als auch für ihn nur nutzbringend sein kann. Die zweite Methode jedoch ist doppelt so vorteilhaft.

Ich rate allen Brüdern und Schwestern der Bruderschaft, alles zu unternehmen, um sich bei der Lösung ihrer Probleme kein neues Karma aufzuladen. Warum ziehen sogar die Mitglieder derselben Familie wegen Geldfragen vor Gericht? Können sie nicht ein wenig höher aufsteigen?... Warum müssen sich die Menschen ewig an ihren Vorteil, ihren Besitz klammern? Mein Gott, eine großzügige Geste, und sie sind frei! Am Anfang können sie sich über diesen Schritt natürlich nicht besonders freuen, sie leiden und sind bedrückt. Wenn sie diesen Weg jedoch bis zum Ende gehen können, werden sie neue Bereiche, ein neues Licht entdecken und die glücklichsten und stolzesten Menschen werden. Sie haben etwas sehr Schwieriges realisiert: Sie haben ihre niedere Natur, ihre Personalität besiegt.

Gerade die Personalität rät dem Menschen dauernd, auf seinen eigenen Vorteil bedacht zu sein, zu lästern, sich zu rächen und die anderen sogar vor Gericht zu bringen, um sie bloßzustellen. Dabei bildet man sich dann ein, die Lehre begriffen zu haben!? Eben nicht, man hat überhaupt nichts begriffen, man hört sich die Vorträge an und liest die Bücher, man ist begeistert, aber man folgt weiterhin den alten Gewohnheiten, das sehe ich immer wieder. Es ist doch wirklich bedauerlich, daß man trotz dieses Lichts, trotz dieser Wahrheiten, trotz dieser Enthüllungen weiterhin wie alle anderen handelt.

Wenn ihr zur Lösung eurer Probleme auf die Güte, den Verstand und auf die göttliche Liebe zählt, dann verläßt euch der Himmel nie, denn ihr habt etwas getan, was euch mit ihm verbindet. Seht ihr, dies ist wieder ein Punkt, den viele unter euch nicht verstanden haben. Sie vertrauen und glauben nicht genügend an die Macht der unsichtbaren Welt, die sie unterstützt und ihnen ihr Dasein erleichtert, wenn sie so arbeiten, wie es von ihnen verlangt wird. Sie vertrauen ewig nur den Berechnungen und Lügen ihrer Personalität und deshalb kommen sie nicht weit. Früher oder später stellt ihnen die unsichtbare Welt Hindernisse in den Weg.

Menschliche und Göttliche Gerechtigkeit

Die Eingeweihten dagegen, die diese Gesetze beachten und auf den Himmel zählen, werden nie im Stich gelassen. Selbst wenn alle sie verlassen, werden sie von oben unterstützt, ermutigt und erleuchtet, und am Ende triumphieren sie.

III

Ihr wollt euch rächen, weil man euch schlecht behandelt hat? Gut, aber wißt ihr wirklich genau, welche Strafe angemessen ist? Ihr sagt: »Ja, man hat mir eine Ohrfeige gegeben und die will ich zurückgeben.« Einverstanden, aber überlegt doch einmal: Könnt ihr dem anderen genau den gleichen Schlag versetzen? Nein, und für alles andere gilt dies ebenso. Ihr könnt das Schlechte, das man euch antut, nicht in genau der gleichen Form wieder zurückgeben... Also solltet ihr euch gar nicht erst einmischen, und es denen überlassen, die imstande sind, jedem das Verdiente zu verabreichen. Sonst würdet ihr nämlich in eurer Unwissenheit Fehler begehen, die ihr eines Tages wieder gutmachen müßtet, d. h. in der Zukunft würde euer Gegner wieder euren Weg kreuzen und euch Schwierigkeiten machen.

Die Überlegung, daß eine absolute Rechtsprechung unmöglich ist, stellte Shakespeare in sei-

Menschliche und Göttliche Gerechtigkeit

nem »Kaufmann von Venedig« auf wundersame Weise dar: Der Wucherer Shylock hatte dem Kaufmann Antonio dreitausend Dukaten geliehen. Im Vertrag wurde festgelegt, daß er, Shylock, bei Nichteinhaltung des Rückzahlungstermins ein Pfund Fleisch aus Antonios Körper schneiden dürfe. Am genannten Tage war Antonio, dessen Schiff mit seinem ganzen Besitz untergegangen war, außerstande, die Summe zurückzuerstatten. Shylock brachte ihn vor Gericht, verlangte des vereinbarte Pfund Fleisch und ließ sich durch keinerlei Bitten erbarmen, so daß das Gericht das Urteil vollstrecken mußte. Aber in dem Moment schaltete sich ein Richter (in Wirklichkeit eine verkleidete Frau) ein und verlangte eine Waage, bat Antonio seine Brust freizumachen und forderte Shylock auf, das besagte Pfund Fleisch herauszuschneiden, jedoch mit der Einschränkung, keinen Tropfen Blut zu vergießen. Im Vertrag sei ja nur von Fleisch die Rede. Bei einem einzigen vergossenen Blutstropfen würde sein Reichtum beschlagnahmt. Shylock bekam natürlich Angst und wollte seine Klage zurückziehen. Der Richter jedoch bestand darauf und fügte noch hinzu: »Wenn Du das Gewicht auch nur um ein Haar erhöhst oder herabsetzt, mußt Du sterben und Dein ganzer Besitz wird beschlagnahmt.« Da fürchtete sich Shylock natürlich noch mehr... Schließlich nahm alles ein gutes Ende dank der weisen jungen Frau, die erkannt hatte, wie unvollkommen die menschliche Gerechtigkeit ist.

Selbst wenn es also jemandem gelingen sollte, die Dinge genau zu dosieren, so muß er doch alle Umstände berücksichtigen, um wirklich gerecht zu sein. Bedeuten tausend Francs Geldstrafe für einen Armen, der sonst nichts besitzt, wirklich die gleiche Strafe wie für einen Millionär? Nein, ihr seht also, daß es fast unmöglich ist, der Gerechtigkeit Genüge zu tun. Deshalb sollt ihr euch an die unsichtbare Welt wenden, wenn ihr meint, daß derjenige, der euch geschädigt hat, wirklich eine Strafe verdient und sagen: »Diese Person hat mir das und das angetan. Dadurch stoße ich jetzt in diesem oder jenem Bereich auf große Schwierigkeiten. Deswegen bitte ich jetzt um Euer Eingreifen, damit das Schlechte wiedergutgemacht wird.« So erhebt ihr dem Himmel gegenüber Anzeige, genau wie man es im täglichen Leben tut. Er wird dann eine Entscheidung treffen. Ihr sollt aber auf keinen Fall etwas unternehmen.

Es gibt noch etwas, was ihr oft nicht wißt, und zwar warum euch gewisse unangenehme Dinge in eurem Leben zustoßen. Vielleicht wurde derjenige, über den ihr glaubt, euch beschweren zu müssen, gerade von der unsichtbaren Welt geschickt, um euch einige Strafarbeiten aufzugeben, damit ihr gewisse Wahrheiten begreift oder damit er euch sogar zur Besserung zwingt... Also warum

Menschliche und Göttliche Gerechtigkeit

nutzt man diese Gelegenheiten nicht für eine großartige Arbeit an sich selbst, anstatt Rachepläne zu schmieden und sich gegen den Himmel aufzulehnen, der den Feind immer noch nicht beseitigt hat? Schließlich endet die Geschichte dann damit, daß ihr euch an anderen, Unschuldigen rächt, wie es so oft im Leben vorkommt.

Folglich sollt ihr lernen, euch gut und richtig zu verhalten, selbst wenn man euch schlecht behandelt. Die Bestrafung der anderen ist nicht eure Angelegenheit. Es gibt Gesetze im Universum, die sich damit befassen. Ihr aber sollt euch nicht mit negativen Dingen beschäftigen, denn dies würde sich sehr ungünstig auf eure psychische Verfassung auswirken. Die schlechten Gedanken, die ihr genährt habt, würden sich eines Tages sogar in eurem Gesichtsausdruck widerspiegeln. Ihr meint, ihr könnt tun und lassen was ihr wollt... Das mag sein, aber ihr arbeitet gegen euer eigenes Interesse und findet nie den richtigen Weg.

V

DAS GESETZ DER ENTSPRECHUNGEN

I

Der menschliche Organismus ist ein Mikrokosmos, der genau nach dem Bild des Universums, des Makrokosmos, gestaltet ist. Dies bedeutet, daß es zwischen dem Menschen und dem Universum Entsprechungen gibt. Die gesamte esoterische Wissenschaft beruht auf dem Gesetz der Entsprechungen. Der Mensch ist unendlich klein, der Kosmos ist unendlich groß, aber zwischen dem unendlich Kleinen und dem unendlich Großen gibt es eine Affinität. Jedes Organ unseres Körpers entspricht einem Bereich des Kosmos. Das soll natürlich nicht heißen, daß der Kosmos die gleichen Organe besitzt wie der Mensch – sie entsprechen einander nur in ihrer Essenz. Durch das Gesetz der Zusammengehörigkeit können wir gewisse Kraftströme, Zentren und Welten berühren, die mit bestimmten Elementen in unserem Inneren übereinstimmen. Das Wissen um diese Übereinstimmungen bietet uns ungeahnte Möglichkeiten.

Zwischen Mensch und Universum, zwischen Mikrokosmos und Makrokosmos besteht folglich eine absolute Wechselbeziehung. Der Mensch hat jedoch durch seine Lebensweise die ideale, vollkommene Beziehung zum Makrokosmos, zu Gott, unterbrochen, und jetzt handelt es sich darum, diesen Kontakt wieder herzustellen. Und dazu ist er fähig, denn in den Werkstätten des Schöpfers hat er alles erhalten, was zu seiner Entfaltung notwendig ist, alles, was ihn wieder auf den rechten Weg, wieder in sein himmlisches Vaterland zurückführen kann, falls er sich verirrte.

Wenn ein Kind auf die Welt kommt, fehlt ihm nichts. Sein Herz mag vielleicht ein wenig zu weit rechts sitzen, sein Magen mag ein bißchen zu klein sein oder seine Nieren funktionieren schlecht. Aber trotzdem hat es ein Herz, einen Magen, eine Lunge und Nieren, nichts fehlt. Ebenso besitzt auch jeder Geist, der sich auf der Erde verkörpert, Organe und Fähigkeiten, die allen Qualitäten und Tugenden, die es oben im Himmel gibt, entsprechen. Seine Möglichkeiten sind also in Wirklichkeit unbegrenzt. Wenn er die Gesetze kennt und sie befolgt, kann er nach und nach die höchsten Pläne verwirklichen.

Welche Gesetze soll er also kennen? Nehmen wir einmal an, ihr habt zwei absolut identische Stimmgabeln. Wenn ihr die eine zum Schwingen bringt, werdet ihr feststellen, daß die andere mit-

Das Gesetz der Entsprechungen

schwingt, ohne berührt worden zu sein. Man spricht hier von Resonanz. Jeder kennt diese Tatsache, aber keiner befaßt sich damit, sie zu vertiefen. Keiner begreift, daß zwischen dem menschlichen Wesen und dem Kosmos das gleiche Phänomen auftritt. Wenn der Mensch sein körperliches und geistiges Sein mit den Schwingungen des Universums in Einklang bringt, kann er die himmlischen Mächte erreichen, einen Austausch mit ihnen pflegen und dadurch Hilfe und Trost erhalten. Ja, es ist tatsächlich eine Art Dialog. Ihr sprecht, und man hört euch zu; ihr könnt sogar gewisse Kraftströme in Bewegung setzen, sie auf euch lenken und davon profitieren. Ihr könnt also mit allen gewünschten Gebieten des Universums einen Austausch pflegen. Gerade in diesen Austausch hat Gott dem Menschen die höchsten Möglichkeiten zu seiner Vervollkommnung gelegt.

Ihr fragt: »Aber wie können wir uns denn mit diesen Bereichen harmonisieren? Es gibt so viele Einzelheiten zu beachten!« Macht euch keine Sorgen, das geschieht von allein. Wenn ihr Liebe, Hingabe, Nachsicht und Großzügigkeit in euch weiter entwickelt, beginnt euer ganzes Wesen mitzuschwingen. Dann arbeitet ihr mit Kräften, durch die sich wie von selbst alles in euch harmonisiert. Wenn das Nervensystem eines Menschen aus dem Gleichgewicht geraten ist, hat er das dann bewußt, absichtlich und anhand wissenschaftlicher Erkenntnisse getan? Hat er absichtlich Disharmonien in sich aufkommen lassen? Nein, aber indem er alle möglichen negativen und unharmonischen Gedanken und Gefühle akzeptierte, hat er sein inneres Gleichgewicht gestört. Um verrückt zu werden, braucht man nicht den genauen Sitz der einzelnen Nervenzentren zu kennen. Ebenso sollte also derjenige, der seinen Organismus harmonisieren will, mit erhabenen Gedanken und Gefühlen arbeiten, die alle seine geistigen Zentren in harmonische Schwingungen versetzen.

Manche, die alles tun, damit nichts mehr gut geht, klagen dauernd, daß das Leben keinen Sinn hat, daß Gott nicht existiert. Wenn sie selbst dumm, krank und unglücklich sind, bedeutet dies jedoch noch lange nicht, daß es keine klugen, gesunden und glücklichen Menschen auf der Welt gibt! Nein, ihr Unglück hängt von ihrer eigenen falschen Denkweise ab. Ändern sie jedoch ihre Einstellung, wendet sich alles zum Besten. Nehmen wir einmal an, ihr seid unglücklich und ängstlich, nichts läuft wie es soll – was tun? Nun, anstatt untätig zu jammern, euch im Kreis zu drehen, wendet euch lieber jenen Wesen zu, die euch helfen können. Ihr fragt: »Aber wo sind sie? Wo kann man sie finden?« Sie umgeben euch, sie sind ständig in eurer Nähe. Ihr könnt euch durch eure Gedanken an sie wenden, wenn ihr das Gesetz des

Das Gesetz der Entsprechungen

Echos, das Gesetz der Sympathie und Affinität – wie ich es oft nenne – zur Hilfe nehmt. Sobald ihr dieses Grundgesetz kennt, seid ihr gezwungen, euch selbst zu übertreffen, euch zu überbieten. Nur so könnt ihr die empfindlichsten und feinsten Saiten eures Wesens berühren und zum Schwingen bringen, indem ihr wißt, daß Kräfte, Wesenheiten und Sphären darauf antworten.

Wie oft habe ich schon über das Gesetz des Echos gesprochen! Man ruft: »Ich liebe euch!«... und obgleich man allein ist, antworten zahlreiche Stimmen: »Ich liebe euch... ich liebe euch... ich liebe euch...« Und wenn man ruft: »Ich hasse euch...«, dann wiederholt das Echo auch das. Wenn dies im körperlichen Bereich als Tatsache gilt, warum sollte es dann nicht auch im gedanklichen Bereich eine Realität sein?

Werft einen Ball gegen die Wand. Wenn ihr nicht zur Seite springt, kommt er wieder zurück und trifft euch. Dies ist das Gesetz des Rückstoßes, das mit dem Gesetz des Echos verwandt ist. Aber hier kennt man nur den physikalischen Vorgang und vermutet nicht, daß das gleiche Phänomen auch auf geistiger Ebene existiert. Was immer ihr auch tut, Gutes oder Schlechtes, eines Tages wird es auf euch zurückfallen. Jedes Gefühl, das ihr empfindet, ist von bestimmter Natur und erweckt im Raum Kräfte derselben Art, die dann nach dem Gesetz der Affinität auf euch zurückkommen.

Dank dieses Gesetzes kann man alle Elemente, die man möchte, aus den großen Speichern des Universums anziehen; natürlich nur, wenn man selbst Gedanken und Gefühle entsprechender Beschaffenheit aussendet. Allein eure eigenen Gedanken und Gefühle entscheiden über die Elemente und Kraftströme, die weit draußen im Raum ausgelöst werden und früher oder später bei euch eintreffen.

Für mich ist das Gesetz der Affinität der wichtigste Schlüssel, das mächtigste Geheimnis, der wahre Zauberstab. Ich habe mein ganzes Leben darauf aufgebaut! Die Kenntnis dieses Gesetzes lenkt meine Arbeit in eine ganz bestimmte Richtung: ich konzentriere mich auf das Beste und Schönste, das ich mir vorstellen kann, und warte auf Resultate. Vieles davon hat sich bereits realisiert, und anderes wird später noch wahr werden. Ich arbeite nur mit diesem Gesetz, denn es enthält alle anderen. Mit seiner Hilfe kann ich euch alles erklären: die Gestaltung des Menschen, seinen Verstand und seine Dummheit, seine Güte und seine Bosheit, sein Glück und sein Unglück, seinen Reichtum und sein Elend...

Nehmt doch die Fische im Meer als Beispiel. Das Meer enthält unendlich viele chemische Elemente. Der eine Fisch zieht bestimmte Teilchen an und bildet sich damit einen prachtvollen, farbenfrohen, leuchtenden Körper, wohingegen ein anderer Stoffe aufnimmt, die ihm einen stumpfen, häß-

Das Gesetz der Entsprechungen 93

lichen Leib formen. Natürlich sind das unbewußte Vorgänge; jeder Fisch zieht jedoch genau die Elemente aus dem Wasser an, die seiner Beschaffenheit entsprechen. Das gleiche geschieht mit uns. Wir alle sind Fische, die im ätherischen Ozean schwimmen. Da dieser alle vom Schöpfer verteilten Elemente enthält, unterscheiden wir uns voneinander, je nach den Stoffen, die wir zu unserer Körperbildung aufnehmen. Auf diese Weise erklärt sich alles. Nehmt z. B. jemanden, der häßlich, unglücklich und ewig krank ist: sein Zustand ist nicht auf diese, sondern auf frühere Inkarnationen zurückzuführen, in denen er weder gebildet noch aufgeklärt war, in denen er jene minderwertigen Stoffe aufnahm, von denen er sich jetzt nicht mehr befreien kann.

Also Achtung! Ihr kennt jetzt das Affinitätsgesetz, diese großartige Zauberformel, die Grundlage der gesamten Schöpfung, und solltet euch sofort an die Arbeit machen und besonders lichtvolle Stoffe anziehen, die alles in euch wieder in Ordnung bringen werden. Wenn eure Umwelt merkt, daß ihr viel sympathischer, strahlender, klüger und sogar kraftvoller geworden seid, dann werden sie euch anders einschätzen als bisher, und eure Zukunft wird einen anderen Lauf nehmen. Seht ihr, im Leben ist alles miteinander verbunden. Wenn ihr hingegen dumm seid, wenn ihr die grundlegenden Gesetze der Existenz nicht kennt, wenn ihr immer alles zerstört und beschädigt, was Gott euch gab, dann können euch natürlich die Naturkräfte nicht lange helfen, sie müssen euch verlassen, und dann wird es viel Traurigkeit und Zwietracht geben!

Leider sind viele Männer und Frauen schon bei diesem Zustand angelangt. Wie viele habe ich schon getroffen! Sie wußten nicht einmal, wie sie es so weit gebracht hatten. Ich konnte ihnen leider auch nichts erklären, denn in ihrem Kopf war alles derartig finster und chaotisch, daß sie keinen Sinn in ihrem Leben, keine Ordnung im Universum, überhaupt nichts erkannten. Man hätte wieder ganz von vorne beginnen, sie jahrelang belehren müssen... vor allem aber hätten sie den guten Willen zum Zuhören aufbringen müssen. Aber den hatten sie nicht, und in fünf Minuten konnte ich ihnen die Kettenreaktion der Tatsachen nicht erklären: wo und wann sie sich verirrt hatten, und wie sie dann nach und nach in diesen bedauerlichen Zustand geraten waren. Leider wollen die meisten Menschen den Zusammenhang zwischen Ursache und Wirkung nicht erkennen. Selbst wenn man ihnen fast greifbare Argumente und Beweise zeigt, erkennen sie nichts.

Für mich ist das Wort Affinität von höchster Bedeutung, es ist ein Zauberwort! Gerade dieses Gesetz erlaubt uns, die besten, strahlendsten und

Das Gesetz der Entsprechungen

feinsten Stoffe aus dem kosmischen Ozean auszuwählen, mit denen wir unseren Körper der Glorie*, der Unsterblichkeit, des Lichts aufbauen können, der jedem von uns innewohnt... In anderen Vorträgen habe ich bereits über den Glorienkörper gesprochen; ich erklärte euch, wie man ihn aufbauen und bilden kann. Er wird sogar in den Evangelien erwähnt, aber ohne nähere Erklärungen. Der Leib der Glorie ist in jedem von uns als Keim vorhanden, aber es liegt an uns, ihn aufzubauen, ihm Stoffe zuzuführen, genau wie es die Mutter für das Kind tut, das sie unter ihrem Herzen trägt.

Wie bildet die Mutter ihr Kind?... Indem sie lebt, ißt und trinkt, atmet und denkt, führt sie dem Kind Aufbaustoffe zu, durch die es sich langsam entwickelt. Sie bildet und formt es, sie kann es aber selbst nicht erschaffen, ebensowenig, wie wir Christus in uns erschaffen können. Unsere Seele muß erst einmal fruchtbar sein, um Christus zu empfangen; dann können wir ihn formen, wie eine Mutter, mit allem was wir ausströmen, mit dem Besten, was wir geben können.

Wenn wir von Zeit zu Zeit sehr hohe Bewußtseinszustände erleben, wenn wir der ganzen Welt helfen, für den Herrn arbeiten, uns befreien, etwas Hohes und Edles errichten wollen, dann kommen

---

* Siehe Kapitel »Der Körper der Auferstehung« aus Band 9 der Reihe Gesamtwerke »Au commencement était le verbe« (noch nicht ins Deutsche übersetzt).

diese Teilchen unserem Glorienkörper zugute. Er kann nur aus dem Besten unseres Wesens gestaltet werden. Wenn wir ihn lange genug mit unserem Fleisch, unserem Blut, unserem Fluidum, unserem Leben nähren, wird er eines Tages glänzen und strahlen, stark, mächtig, unverletzbar und unsterblich werden, denn er ist unverweslich. Er vollbringt zuerst in unserem Inneren und später dann auch durch uns hindurch im Äußeren die wunderbarsten Dinge. Christus kann also durch den Leib der Glorie, den Leib des Lichts Wunder vollbringen.

Solange der Mensch seinen Glorienkörper nicht entwickelt hat, bleibt er stumpf, finster, schwach, verletzbar und kränklich, aber trotzdem trägt jeder den Christuskeim in sich, den er entfalten kann. Hiermit kommen wir wieder auf das Gesetz der Affinität zurück. Dem Schüler muß es gelingen, sich selbst zu übertreffen, sich selbst zu überbieten, damit er die reinsten, lichtvollsten Teilchen aus dem ätherischen Ozean anziehen und seinem Leib der Glorie zuführen kann. Diese Elemente kann er sogar heute schon, wenn auch zunächst nur in geringen Mengen, auffangen. Dies tun wir übrigens jeden Morgen beim Sonnenaufgang: wir entfernen uns von der Erde und verbinden uns mit dem Himmel, mit der Sonne, um damit einige sehr lichtvolle Partikel zum Aufbau unseres Lichtleibs aufzunehmen... Auch dies ist ein Teil des wahren Wissens.

Das Gesetz der Entsprechungen

Ich habe jahrelang nur daran gearbeitet, den Aufbau dieses großartigsten Bauwerks, des Universums, zu erkennen und zu verstehen. Tatsächlich jahrelang... Es war das einzige, wofür ich mich interessierte. Tage und Nächte habe ich meinen physischen Körper verlassen, um einen klaren Überblick über dieses Gerüst, über die Verbindungen zwischen allen Elementen des Universums zu bekommen. Ich wußte, daß alles andere unbedeutend war. Das Wesentliche ist die Erkenntnis der Gesamtstruktur; deshalb werden die Menschen, wenn sie sich weiterhin mit der materiellen Welt zufriedengeben und alles auf der physischen Ebene, in der Welt der Tatsachen studieren, nur falsche Schlußfolgerungen ziehen. Erst wenn sie bis in die Welt der Gesetze und noch höher, bis zu den Prinzipien aufsteigen, um die ganze Struktur zu betrachten, werden sie einen klaren Blick auf das Ganze werfen können, wie ich es getan habe. Ich habe Jahre dazu gebraucht, heute aber kann ich euch belehren, erleuchten und beraten, denn ich verfüge über einen klaren Einblick und gehe immer vom Modell der Vollkommenheit aus.

Keiner, oder fast keiner, erkennt bis jetzt den Wert dieser Philosophie. Es wird aber nicht ewig so bleiben. Es gibt Mächte, die stärker sind als die Menschen und die sie eines Tages zwingen werden, dieser Lehre ihren wahren Wert beizumessen.

Darauf vertraue ich unerschütterlich! Deshalb mache ich mir auch keine Sorgen und lebe mit der Überzeugung, daß früher oder später alles seinen wahren Platz einnehmen wird.

Auf der Erde haben sich zur Zeit alle Werte umgedreht. Das Wertvolle wird in den Schmutz gezogen, und das Wertlose nimmt den ersten Platz ein. Schaut einmal, welch großen Wert heutzutage Gold, Schmuck, Häuser und Autos haben; und göttliche Gedanken und Ideen?... wertlos! Beim Betrachten des kosmischen Aufbaus habe ich jedoch das Gegenteil erkannt. Wahrheiten und Ideen stehen oben an erster Stelle. Seht ihr, was man am meisten schätzt: eure Ideale, alles andere kommt später.

Die Menschen haben sämtliche Werte umgewälzt, nichts steht mehr an seinem wahren Platz. Man sieht teuflische, lasterhafte Menschen in Reichtum und Prunk, andere dagegen, die die edelsten Eigenschaften aufweisen, besitzen nichts, was ihren inneren Qualitäten entspricht. Da solche Menschen auch nicht mehr begehren als sie haben, unternehmen sie nichts, um sich den mangelnden Reichtum anzueignen: deswegen besitzen sie nur einige Kleinigkeiten im physischen, materiellen Bereich. Äußerlich stimmt nichts mit ihrer inneren Pracht überein. Doch dies wird nicht ewig so bleiben, weil es das Gesetz der Wechselwirkungen gibt. Es besagt, daß sich innere Schönheit auch durch

Das Gesetz der Entsprechungen

äußere Schönheit ausdrückt, und daß die innere Häßlichkeit auch äußerlich häßliche Hüllen trägt. So hat es die Intelligenz der Natur beschlossen.

In ferner Vergangenheit, als die wahre Ordnung der Dinge noch respektiert wurde, waren alle auch äußerlich arm, die innerlich arm waren. Alle, die innerlich reich waren, waren es auch nach außen. Genau wie der Herr. Der Herr besitzt alle Qualitäten und Tugenden; deshalb verfügt er auch über sämtliche Reichtümer des Universums. Nur hier bei den Menschen existiert diese Ordnung nicht mehr. Das Gesetz ist absolut: alles, was unten ist, muß so sein, wie es oben ist. Eines Tages wird eine andere Ordnung herrschen, und jeder wird seinen wahren Platz finden: wer reich an Verstand, Güte und Edelmut ist, der wird auch entsprechende äußere Reichtümer besitzen, und alle diejenigen, denen diese Qualitäten fehlen, werden im Elend leben. Natürlich kann diese Ordnung nicht von den Menschen wiederhergestellt werden, denn die können nicht über die Verdienste der anderen entscheiden. Dies steht der kosmischen Intelligenz zu, sie wird dies alles in Bewegung setzen, denn das Gesetz der Entsprechungen ist ein unabänderliches Gesetz des Universums.

Was ich euch heute gebe, ist ein Schlüssel. Ihr könnt wieder Herr über eurer Schicksal werden, wenn ihr durch eure Gedanken und Gefühle sehr hohe Schwingungen und Strahlungen aussendet, die bis weit ins All reichen und unter Milliarden Elementen jene Teilchen anziehen, die ihnen entsprechen.

II

Der Grundsatz der Entsprechungen ist gleichzeitig ein körperliches, chemisches, magisches und geistiges Gesetz, das sich folgendermaßen erklären läßt: Wenn sich der Mensch mit dem Vollkommenen verbindet, mit dem, was vollkommen im Verstand, in der Kraft, in der Form, in der Farbe, im Duft und in der Schönheit ist, zieht er selbst den Nutzen aus dieser Vollkommenheit, denn er läßt sich von ihr durchdringen. Dies ist ein unwandelbares Gesetz! An dem Tag, an dem euch diese Tatsache bewußt wird, könnt ihr euch nicht mehr von der Idee der Vollkommenheit lösen, denn ohne sie fühlt ihr, daß ihr etwas in euch zerstört. Die wahre Religion beruht auf diesem Gesetz. Warum empfiehlt man dem Menschen, Gott zu lieben? Weil er sich durch seine Liebe und Meditation mit der Vollkommenheit und der Pracht des Herrn verbindet und weil die göttliche Herrlichkeit sich dann nach und nach in ihm einprägt.

Dadurch wächst er und entfaltet sich, wird stark und schön.

Wenn ihr dieses Gesetz nicht respektiert, gibt es keinen, der euch helfen kann, weder im Himmel noch auf Erden. Und vorher? Wer hat euch da geholfen? Der Herr? Nein, keineswegs. Er wußte vielleicht nicht einmal von eurem Tun. Aber sobald das Gesetz ausgelöst wird, muß es in Aktion treten, euch unterstützen, ermutigen und euch aus allen Schwierigkeiten und Leiden heraushelfen. Wenn ihr trotz eurer Liebe zum Herrn diesen Zustand der Befreiung noch nicht erreichen konntet, bedeutet dies, daß ihr euch in früheren Inkarnationen mit derartig dicken Panzerschichten umgeben habt, daß ihr noch nichts davon fühlen könnt, obgleich ihr mit diesem Grundsatz arbeitet und dadurch schon phantastische Reichtümer angesammelt habt. Setzt ihr eure Arbeit aber fort, dann wird der Panzer nach und nach dünner, und schließlich wird er ganz verschwinden. Dann werden sich die Reichtümer, Schätze, Schönheiten und die ganze Pracht, die ihr durch eure Gedanken, Gebete und Kontemplation angesammelt habt, über euch ergießen, euch überfluten. Ohne es zu wissen, habt ihr ein ganzes Meer aufgestaut, und dieser Segen will jetzt auf euch herabkommen...

Wenn eure Religion nur auf dem Glauben oder den Gewohnheiten begründet ist, die ihr durch

Das Gesetz der Entsprechungen

eure Erziehung in eurer Familie oder in der Gesellschaft angenommen habt, ist sie weder solide noch dauerhaft. Die Grundlage der wahren Religion ist die Kenntnis des Gesetzes der Affinität. Dann begreift nämlich jeder, daß er den Herrn lieben und an Ihn denken soll. Nicht, weil es die Kirche so vorschreibt oder es irgendwo in der Bibel geschrieben steht, sondern weil es einem absoluten Gesetz entspricht, nach dem er selbst und über Ihn dann auch die ganze Welt einen Nutzen aus dieser Liebe zieht... Dies haben die Menschen aber noch nicht eingesehen, und das wird durch den Austritt vieler Christen aus der Kirche bewiesen. Ihr Verständnis der Religion beruht auf keinen festen Grundlagen. Jetzt brauchen wir das Einweihungswissen, das Wissen um die Geheimnisse, die in den früheren Einweihungen enthüllt wurden. Damals wurden dem Schüler von seinem Meister gewisse Erfahrungen vermittelt, deren Gültigkeit er am eigenen Leibe erfuhr. Das so Erlernte konnte er nie mehr bezweifeln. Dieses Wissen war ihm in Fleisch und Blut übergegangen, und keiner konnte es ihm je wieder nehmen.

Je mehr ihr euch mit dem Herrn verbindet, desto mehr lebt ihr in Glück, Kraft, Allwissenheit, Ewigkeit, denn ihr nehmt die von Ihm kommenden Teilchen, Kräfte, Strahlen, Strömungen – ganz gleich wie ihr es nennen wollt – in euch auf. Hört nicht auf die Unwissenden, auf diejenigen, die sich mit so großer Überzeugung über den Herrn äußern und obendrein noch behaupten, Er existiere nicht! Was wissen sie schon, daß sie es überhaupt wagen, sich so zu äußern...! Alles, was ich euch lehre, ist schon seit Jahrhunderten geprüft! Auch ich selbst habe es nachgeprüft und finde es noch in jedem Augenblick wieder bestätigt.

Gott braucht weder unsere Liebe, noch unsere Dankbarkeit, noch unsere Gebete. Nein, wir selbst brauchen diese Liebe und diese Gebete. Manche wollen den Herrn strafen, indem sie nicht mehr in die Kirche gehen und Ihm keine Kerzen mehr weihen. Das versteht sich, der Schöpfer hat ihre Interessen nicht vertreten und muß deswegen bestraft werden. Er, der Herr... oh je, oh je! Jetzt jammert Er sicherlich und rauft sich die Haare, weil Ihn ein paar Idioten im Stich gelassen haben! Seht euch doch einmal die menschliche Mentalität an! Ich wiederhole es: in Wirklichkeit liegt es im Interesse des Menschen, an den Herrn zu glauben und Ihn anzubeten. Wenn ihr Gott abschafft, müßt ihr euch darüber im klaren sein, daß ihr Ihn dann unweigerlich durch andere »Gottheiten« ersetzt. Da diese jedoch weit von der Vollkommenheit des Herrn entfernt sind, zieht ihr deren Laster, Schwächen und Krankheiten an. Gut, kehrt Ihm den Rücken, Er wird es nicht einmal merken. Er ist darüber erhaben. Beim Gerede der Idioten stopft Er sich die Ohren zu. Sie selbst sind jedoch die Leidtragenden

Das Gesetz der Entsprechungen

dabei, denn sie müssen alles entbehren, was Er besitzt und was Er an Pracht und Herrlichkeit darstellt.

Alle Nationen, alle Völker, die sich entschlossen haben, den Herrn abzuschaffen, gehen unter, ohne es zu wissen. Im Augenblick fühlen sie sich noch geschützt und behütet, eines Tages aber werden sie begreifen, was sie verloren haben. Genau wie der Mann, der mit dem Satan einen Pakt abgeschlossen hatte, um an Geld zu kommen. Der Teufel sagte: »Einverstanden, aber Du mußt mir jedesmal etwas dafür geben. Jedesmal, wenn ich Dir Geld bringe, mußt Du mir eines Deiner Haare dafür geben.« – »Ach, wenn es weiter nichts ist«, sagte der Mann, »das ist nicht der Rede wert, ein Haar!« Ja, aber nach kurzer Zeit war er glatzköpfig, was allerlei Veränderungen in sein Leben brachte... Viele Leute haben die gleiche Einstellung: »Was können wir schon dabei verlieren, wenn wir die Verbindung zum Herrn abbrechen und Dummheiten anstellen? Dabei passiert nichts...« Doch, jedesmal verschwindet ein Teil eurer Vitalität, eurer Schönheit, eures Charmes, und am Ende habt ihr das Wertvollste verloren, trotz des Gewinns im materiellen Bereich.

Ich rate euch, laßt keinen Tag verstreichen, ohne euch mit dem Himmel zu verbinden, denn aufgrund des Affinitätsgesetzes löst ihr eine Reaktion aus, die unweigerlich Folgen für euer Leben hat. Meiner Ansicht nach gibt es keine größere Dummheit, als den Kontakt zum Herrn abzubrechen. Es gibt allerlei Unfug – eine Aufzählung wäre hier wohl überflüssig – aber der größte Unsinn, der alle anderen übertrifft, ist dieser, denn er zieht alle anderen Dummheiten nach sich. Gewiß, ich verlange von keinem, eine »Kirchenmaus« zu werden – wie man so schön sagt – ewig in der Kirche zu hocken und Gebete zu murmeln. Seht doch einmal, welchen Eindruck sie in Wirklichkeit mit ihrem unfreundlichen Verhalten macht. Wäre sie wirklich aufrichtig, dann müßte sie wenigstens ein bißchen strahlen. Anstatt eine Maus zu bleiben, hätte sie doch ein Schmetterling werden müssen! Wenn sie sich aber nicht verändert hat, bedeutet das, daß ihre Religion nur oberflächlich ist. Auch zwischen Religion und Religion gibt es einen Unterschied...

Heutzutage wird die Religion nicht mehr besonders hoch eingeschätzt; früher hingegen respektierte jeder Religion, Kirche und Priester. Manche Kirchenväter sind sich dieser Wandlung bewußt und akzeptieren alles mögliche in ihren Gotteshäusern, um den Kontakt mit der Masse nicht zu verlieren. Rotwangig, pausbäckig und lustig, das ist ein wahrer Priester, so wird er geachtet... In Kirchen, die nichts mehr mit einem heiligen Ort gemein haben, wird Krach gemacht, diskutiert, getanzt... Sie wissen gar nicht, was sie

Das Gesetz der Entsprechungen 107

noch alles erfinden sollen, um das Publikum anzuziehen. Doch es wird ihnen nichts helfen, nur die Einweihungswissenschaft kann die Kirche in der ganzen Welt retten, denn sie verschafft der Religion solide Grundlagen.

Viele beten nicht mehr, weil das Beten nichts einbringt. Warum beten und meditieren, solange man Geschäfte machen kann? Das ist Zeitverschwendung. Gewiß, durch Gebete könnt ihr keine materiellen Vorteile wie Geld, Häuser, Autos, eine hohe Stellung oder eine reiche Braut gewinnen. Die Vorteile sind anderer Natur. Wenn ihr den Herrn liebt, wenn ihr mit Ihm gedanklich in Verbindung steht, erhaltet ihr gute Eigenschaften, Kräfte und Licht... Diese Dinge sind natürlich unsichtbar, aber da das Unsichtbare trotz allem eine Realität ist, wirkt es auf eure Umwelt ein: man fühlt sich bei euch belebt, unterstützt, getröstet, schenkt euch Vertrauen und bietet euch allerlei Möglichkeiten... sogar im materiellen Bereich. Der Anfang aller Dinge aber liegt auf der geistigen Ebene.

Wer den Herrn anbetet und Ihn liebt, der darf dafür nichts Materielles erwarten. Viele klagen: »Ich bete und bete und bin doch aus dem Elend noch nicht herausgekommen.« Sie glauben also, durch die Gebete reich zu werden. Es ist wirklich unglaublich, wie die Leute die Dinge begreifen! Was die Menschen jetzt brauchen, ist eine Aufklärung über die Wirklichkeit und die Gesetze der unsichtbaren Welt, damit sie endlich begreifen, was die wahre Wissenschaft, die wahre Religion, das wahre Leben ist. Im Augenblick herrscht hier noch ein Mißverständnis. Sie warten immer noch auf ein sichtbares Ergebnis, das sich jedoch nicht zeigt, und sind sich der Vorteile nicht bewußt, die sie nebenbei bekommen.

Wenn ihr mit dem Herrn verbunden seid, zieht ihr Seine Eigenschaften an, sie durchdringen euch, und ihr werdet strahlend, intelligent und ausgeglichen. Dann kann sogar materieller Reichtum kommen, wenn es eurer Schicksal so will. Wer jedoch zuerst materielles Wohlergehen erbittet, beweist, daß er nichts begriffen hat. Anfangs wird euch sicherlich nicht alles zulächeln, aber eure unsichtbare Seite bessert sich, und auch wenn man nichts davon sieht, fühlt man es doch. Ist es euch nicht schon einmal so ergangen, daß euch ein Mensch allein durch seine Gegenwart beruhigt, besänftigt oder zur Vernunft gebracht hat, daß ihr euch bei ihm wohlfühlt, während ein anderer euch irritiert, ohne daß ihr wißt, warum? Dies sind natürlich unsichtbare, aber reale Phänomene.

Die wahre Religion beruht auf dem Wissen um das Gesetz der Entsprechungen. Sobald ihr euch mit einer bestimmten Quelle, Zentrale oder Sendestation verbindet, empfangt ihr unweigerlich deren

Das Gesetz der Entsprechungen

Wellen. Wenn ihr euch auf die entgegengesetzte Station einstellt, erhaltet ihr gegensätzliche Botschaften und Schwingungen. Das begreift ihr nicht? Unwichtig. Eines Tages werdet ihr es schon erkennen. Ich bringe euch heute einen Teil jenes wahren Wissens, das die großen Eingeweihten der Vergangenheit besaßen. Akzeptiert es und ihr werdet unerschütterlich.

Wenn mir jemand beteuert: »Oh, ich praktiziere die Lehre, ich tue alles, was Sie sagen, aber trotzdem bin ich unausgeglichen, nervös und manchmal fast verrückt«, dann erwidere ich: »Wenn Sie glauben, der Lehre entsprechend zu handeln, dann irren Sie sich. Innerlich dulden Sie sicherlich irgend etwas anderes: entweder Hochmut, eine Anomalie im Sexualbereich oder mangelnde Beherrschung im Bereich der Vorstellungskraft... Vielleicht überfordern Sie die Dinge auch, indem Sie zu schnell große spirituelle Resultate erzielen wollen. All dies entspricht nicht der Lehre. Sie dürfen nicht ihr die Schuld geben; der Fehler liegt eher in Ihrem eigenen Verhalten. Sie müssen den Grund bei sich selbst suchen.« Die Lehre ist dazu da, um die Menschen zu stärken, sie glücklich und ausgeglichen zu machen, und nicht, um sie zu zerstören. Jeder muß also das Gesetz suchen, das er überschritten hat und herausfinden, wo er übertrieben hat, was ihn in diesen Zustand gebracht hat.

Ein anderer sagte mir: »Ich will meine Eltern nicht mehr besuchen, sie nicht mehr sehen. Sie sind weder geistig entwickelt, noch sind sie Mystiker. Ich will mich vollkommen von ihnen lösen.« Auch hier muß ich antworten: »Ist Ihre Denkweise nicht übertrieben und gefährlich? Sie sind mit Ihrer Familie verbunden und können den Kontakt nicht so ohne weiteres abbrechen...« Wenn eure Überlegungen, eure Entscheidungen und eure Sensibilität zu persönlich eingestellt sind, hat dies immer Anomalien zur Folge. Wenn eine solche Anomalie auftritt, muß man den Grund immer bei sich selbst suchen und nicht bei der Lehre.

Laßt die anderen glauben, was sie wollen. Ihr erhaltet hier einen Einblick in die hohen Lebensgesetze und ihr müßt wissen, daß ihr Unermeßlichkeit und Vollkommenheit wünschen sollt. Wer die Religion zurückweist und denkt: »Es kommt nur darauf an, für eine gute Organisation in der Gesellschaft zu arbeiten; ob man an Gott glaubt oder nicht, ist vollkommen unwichtig«, der irrt sich, denn nach einer gewissen Zeit degeneriert die Gesellschaft. Da sie kein Zentrum besitzt, um das sie kreisen kann, zerfällt sie, und sie selbst können dann nicht länger als soziales Vorbild gelten: Voreingenommenheit, Geldgier und Ungerechtigkeit werden sich bei ihnen einschleichen. So ruinieren sich am Ende alle Gesellschaften, alle Kaiser- und Königreiche, es fehlt ihnen ein solider Kern, auf

Das Gesetz der Entsprechungen

den sie zählen können, um die Entwicklung negativer Kräfte zu verhindern.

Wenn eine Gesellschaft ein hohes, göttliches, himmlisches Ideal in den Mittelpunkt stellt, werden derart starke Kräfte frei, daß alle »inneren Raubtiere« beherrscht und gezähmt werden können und sich nicht mehr zu äußern wagen. Unter solchen Umständen bieten sich viel mehr Möglichkeiten für gerechte Gesetze und viel bessere Aussichten für die Mitglieder der Gemeinschaft, in Fülle und Harmonie zu leben. Wenn diese spirituelle Intensität jedoch abflaut, wenn das Zentrum, wenn der Kopf fehlt, dann erwachen die negativen Kräfte und bemächtigen sich der einzelnen Personen, die dann keinen Widerstand mehr leisten und diese Kräfte nicht mehr im Zaum halten können. Das große Elend, das heute die Erde heimsucht, ist darauf zurückzuführen, daß die Menschen es zuließen, daß sich in ihrem Inneren und in der Gesellschaft alle göttlichen und nützlichen Kräfte abschwächen.

Das Leben des Schülers soll also um eine zentrale Idee kreisen. Diese Ideen schüchtern dann die Feinde ein, die er in seinem Inneren beherbergt. Nehmen wir ein Beispiel aus dem täglichen Leben. Manche haben sich durch ständiges unmäßiges Leben die Gesundheit verdorben; die Tuberkulose zehrt an ihnen. Mit Hilfe einer Behandlung und durch eine ausgeglichenere Lebensweise, mit weniger leidenschaftlichen Regungen, gesünderer Nahrung und gutem Schlaf stellt der Organismus Substanzen her, die die Bazillen neutralisieren und unschädlich machen, so daß der Patient wieder gesund wird. Wenn der Kranke jedoch wieder mit Rauchen und Trinken anfängt, wenn er wieder ganze Nächte mit Ausschweifungen verbringt, dann fallen die Schranken wieder, und die Krankheit zehrt aufs neue am Organismus.

Im psychischen Bereich gilt das gleiche Gesetz: das geistige Leben hilft uns, dem Schlechten Schranken zu setzen; alle Arbeiter machen sich ans Werk – denn im Menschen gibt es wahre Fabriken! Wenn wir uns jedoch nicht mehr überwachen und kein harmonisches Leben mehr führen, dann treten die Kräfte der Unausgeglichenheit und des Schlechten wieder hervor, machen sich in uns breit, und dabei gehen wir langsam zugrunde. Unser bester Schutz ist Gott selbst, und wir sollten uns an Ihn klammern, damit die Kraft, die Er in uns erweckt, die Wesen unterwirft, die immer nur darauf lauern, uns zu schaden. Wenn wir die Verbindung zu Gott abbrechen wollen, können wir das natürlich tun; wir sind frei. Aber diese Freiheit müssen wir später teuer bezahlen.

Dies ist ein Teil der wahren Wissenschaft, die ich mein ganzes Leben lang aufs gründlichste studiert habe. Nicht in Büchern, nein, in meinem ganzen inneren Wesen. Ich habe mich vollkommen in sie hineinversetzt, und nun ist sie für mich absolut klar geworden. Auch ihr solltet euch an die Idee der Göttlichkeit klammern. Trotz allem Gerede und aller Philosophien, die heutzutage verbreitet werden, solltet ihr an das Himmlische denken, es lieben, es herbeiflehen, denn auf diese Weise zieht ihr äußerst starke Energieströme an, die eure inneren Feinde daran hindern, Schaden anzurichten. Ihr werdet sicherlich von Zeit zu Zeit noch ein wenig gezwickt, denn bislang wart ihr nicht imstande, euch vollkommen zu schützen. Nach und nach jedoch wird es euch gelingen, und dann kann euch das Schlechte nicht mehr erreichen. Die Christen zitieren oder singen: »Der Herr ist mein Hirte«, aber für sie sind das nur leere Worte, denn sie wissen nichts von dem tiefen Wissen, das dahinter verborgen ist. Sie sprechen die Worte mechanisch dahin, obwohl in Wirklichkeit eine magische Kraft in ihnen liegt.

Glaubt mir, für uns gibt es nichts Wichtigeres, als den Herrn zu lieben. Alles andere kommt danach. Dank dieser Liebe ordnet, regelt und harmonisiert sich alles. Wenn wir in diesem Leben zu keinen sichtbaren Resultaten gelangen, ist das nebensächlich. Die Wesen, die uns von oben beobachten, sehen uns zu und sagen: »Das ist ein intelligenter Mensch«, und sie schenken uns ihre Anerkennung und ihre Segnungen.

VI

DIE GESETZE DER NATUR
UND
DIE GESETZE DER MORAL

Wer die Menschen beobachtet, muß feststellen, daß sie weder in ihrer Auswahl, noch in ihrem Verhalten den Sinn für das richtige Maß besitzen: sie essen entweder zuviel oder sind im Gegensatz dazu unterernährt. In beiden Fällen schaden sie ihrer Gesundheit. Sie arbeiten zuviel und sind erschöpft oder betätigen sich überhaupt nicht und verrosten usw... Das gleiche gilt für ihrer Vergnügungen, den Schlaf, die Gefühle und die Gedanken. Die Erklärung dieser Anomalien ergibt sich daraus, daß sie Grenzen überschritten und Gesetze mißachtet haben, die sie hätten kennen und respektieren sollen.

Es gibt physische Gesetze, die unseren Organismus wie auch die ganze Natur regieren. Viele Menschen respektieren diese Naturgesetze nicht, aber sie geben wenigstens zu, daß sie existieren; was bei den moralischen Gesetzen, die heute nur selten anerkannt werden, nicht der Fall ist. Selbst wenn irgendwo noch ein bißchen Glaube an den Wert einer gewissen Ordnung der Dinge besteht, bringen die meisten Schriftsteller, Philosophen, Künstler und Wissenschaftler Theorien heraus, schreiben Bücher und schaffen Werke, die offensichtlich nur eines zum Ziel haben: dieses letzte bißchen Glauben zu beseitigen. Ich will jetzt über diese Gesetze der Moral sprechen, denn wenn die Menschen diese Gesetze nicht akzeptieren wollen, fehlt ihnen das Wesentliche in ihrem Wissen.

Es ist gar nicht schwer zu verstehen, daß die Moralgesetze in Wirklichkeit zu einer Welt gehören, die von der stofflichen Welt nicht getrennt ist. Nehmen wir einen Alkoholiker als Beispiel: früher war er ein feiner, netter, kultivierter, aufmerksamer, ehrlicher und großzügiger Mensch, ein Mann mit allen guten Eigenschaften. Als er jedoch zu trinken begann, verlor er nach und nach alle seine guten Eigenschaften. Es gibt noch viele andere Beispiele: Nehmen wir einen Mann, einen leidenschaftlichen Spieler, der über dem Spiel seine Pflichten vernachlässigt, Frau, Kinder und Beruf vergißt... anfangs war das Spiel für ihn nur eine Beschäftigung, die nicht gegen die Moral verstieß; am Ende aber war es gerade der moralische Bereich, in dem sich die Auswirkungen davon zeigten. Wie kommt es, daß die Menschen den Zusammenhang zwischen diesen beiden Welten noch nicht erkannt haben? Sie glauben nur an das Materielle – gut, das ist auch wichtig – sie sollten aber auch sehen, daß das Innenleben und der Bereich der Moral eng damit verbunden sind.

In der Einweihungswissenschaft gibt es drei Welten: die himmlische Welt, den Bereich der Ideen; die psychische Welt, den Bereich der Gedanken und Gefühle und somit den Bereich der Moral; schließlich die stoffliche Welt mit all ihren Formen. Die materielle Ebene ist mit der moralischen verbunden, die ihrerseits wieder mit dem weit höher gelegenen Bereich der Ideen zusammenhängt. Wenn die Menschen diese Zusammenhänge nicht erkennen, dann haben sie die Dinge weder richtig studiert noch beobachtet. Solange sie diesen Mangel in ihrem Wissen nicht beseitigen, wird er katastrophale Folgen nach sich ziehen.

Selbst wenn man die Moralgesetze aus Unwissenheit heraus ignoriert, muß man die mehr oder weniger schwerwiegenden Folgen davon tragen. Plötzlich merkt man dann, daß der moralische Bereich auch seine Gesetze hat. Sie sind allerdings viel feiner als die physischen Gesetze, denn nicht nur der Organismus, sondern auch die Seele und der Geist des Menschen werden durch sie geprägt. Wer diese Gesetze nicht respektiert, wird feststellen, daß seine Mitmenschen ihm sein eigennütziges und egoistisches Benehmen vorwerfen, und daß er ihren Beistand und ihre Freundschaft verliert. Er muß für jede Überschreitung, egal was es auch war, bezahlen. Wie? Das ist ganz verschieden: mit Gewissensbissen, Leiden, mit Reue, Enttäuschungen, Bitterkeit und vielleicht sogar auch mit Geld. Das könnt ihr in allen Bereichen beobachten.

Überall bestehen Zusammenhänge, alles ist mit allem verbunden. Die moralische Welt wird von unveränderlichen, unbeugsamen Gesetzen regiert, die jeder kennen sollte. Man vernachlässigt sie jedoch, weil sie nirgends geschrieben stehen und glaubt, sich alles erlauben zu dürfen; nein, solange die Menschheit nicht begreift, daß solche Gesetze existieren, kann kein wahrer Fortschritt erzielt werden. Ihr dürft nicht sagen: »Ich, ich denke, daß...« und »Ich kann tun und lassen, was ich will...« Warum nicht? – Weil ihr dafür bezahlen müßt. – »Ich habe alle Rechte auf meiner Seite...!« Macht, was euch gefällt, aber ihr müßt dafür bezahlen. In der Natur muß alles bezahlt werden, selbst das Glück, selbst die Freuden und Ekstasen. – »Aber ich habe doch gar kein Geld!« – Diese Gesetze verlangen kein Geld von euch (das tun nur die Menschen), sie werden sich einen Teil eurer Kräfte, eures Wissens, eurer Gesundheit, eurer Schönheit oder eures Lichtes holen. Wenn ihr euch richtig analysiert, werdet ihr einen Minusbetrag in eurer Kasse feststellen: die Richter, die kosmischen Kräfte, die Intelligenzen, die das Universum regieren, haben euch etwas entzogen und nun seid ihr ärmer geworden!

Die Gesetze der Natur... 121

Wer sehr reich werden will, darf weder die Gesetze der Natur, noch die Gesetze der Moral, ja nicht einmal die Gesetze der Menschen übertreten. Obgleich die von den Menschen geschaffenen Vorschriften nicht die gleiche Daseinsberechtigung haben wie die Gesetze der Moral, sollte man sie doch beachten, solange man in einer Gesellschaft lebt, in der sie sehr mächtig sind. Zum Beispiel die Verkehrsregeln..., wenn ihr diese Vorschriften überschreitet, ohne euch dessen bewußt zu sein, macht euch die Natur keine Vorwürfe, dies ist nicht ihre Angelegenheit. Sobald ihr aber auch nur ein einziges Naturgesetz mißachtet, werdet ihr krank, selbst wenn euch die Gesellschaft immer noch respektiert und sich vor euch verbeugt: ja, das Naturgesetz fesselt euch ans Bett! Es bestraft euch, ihr könnt ihm nicht entkommen, ihr könnt hingehen, wohin ihr wollt, das Gesetz findet euch doch, denn alles ist in eurem Innern registriert worden.

Die Natur wußte schon im voraus, daß der Mensch immer versuchen würde, ihre Gesetze zu übertreten, deshalb hat sie ihm *Aufnahmegeräte* eingebaut. Mit einem Blick kann sie dann später erkennen, was der Mensch gegessen oder getrunken hat, was er gedacht, gefühlt und getan hat. Hier ist keine Täuschung möglich! Ihr wollt mich davon überzeugen, daß nur die Menschen Aufnahmen machen? Wie hätten sie auch nur einen einzigen Gegenstand herstellen können, ohne vorher dafür ein Modell aus dem Bereich der Natur erhalten zu haben? Die Natur hat schon vor den Menschen Aufnahmen gemacht, aber die Leute sind so blind, daß sie nichts davon sehen. Der kosmische Geist hat also alle Vorsichtsmaßnahmen getroffen, und wenn der Mensch seine Gesetze übertritt, muß er dafür bezahlen.

Versucht jetzt, keine Gesetze mehr zu übertreten, weder die der Menschen, noch die der Natur, noch die der Moral. Die Gesetze der Moral sind den Naturgesetzen übergeordnet, sind aber gleichzeitig ein Teil der Natur, die sich auf verschiedenen Ebenen manifestiert. Zuerst gibt es den rein physischen Bereich, dann kommt die darüber stehende feinstofflichere Ebene der Gedanken und Gefühle und schließlich die göttliche Welt, die die beiden ersten regiert. Selbst die Natur unterliegt Gesetzen. Genauso wie wir ihre Vorschriften beachten müssen, führt auch sie die Anordnungen des Geistes aus, denn der Geist herrscht über die Natur. Wenn es dem Menschen gelingt, seine beiden Neigungen, die rein körperliche und die feinere, die der Gedanken und Gefühle, zu beherrschen, dann steht er über den Gesetzen, denen sie unterliegen. In diesem Augenblick wird er so rein, lichtvoll und mächtig, lebt in so vollkommener Harmonie mit dem Geist, daß ihm selbst die Natur gehorcht. Er kann alles tun, ohne daß er dabei ein

Die Gesetze der Natur...

Gesetz überschreitet. Es ist der einzige Fall, wo sich der Mensch alles erlauben darf, ohne daß er damit ein Gesetz verletzt.

Aber nur außergewöhnliche, dazu prädestinierte Wesen können sich über die Gesetze der Natur und der Moral hinwegsetzen. Solche Geschöpfe sind selten, es gab sie aber schon immer und es gibt sie auch jetzt und wird sie immer geben. Sie dürfen sich alles erlauben, ohne je ein Verbrechen oder eine Sünde zu begehen. Dies ist sehr schwer zu erklären; man hat mir diesbezüglich phantastische Enthüllungen gemacht, von denen ihr euch überhaupt keine Vorstellungen machen könnt, denn es ist unmöglich, darüber zu reden.

Um euch das Verständnis zu erleichtern, möchte ich euch noch einiges erklären. Wenn ein Mensch sehr rein und lichtvoll ist, wendet sich alles, was er tut, immer zum Guten. Wenn ein anderer in schmutzige, finstere und negative Tätigkeiten verstrickt ist, dann richtet er immer nur Schaden an, auch dann, wenn er eigentlich Gutes tun wollte. Genau wie jemand, der mit schmierigen Fingern einem anderen einen kleinen Fleck vom Gesicht wischen will: er beschmutzt ihn nur noch mehr. Ein solcher Mensch beschmutzt den anderen in seinem Verlangen, ihn zu reinigen; in seinem Wunsch, ihm das Leben zu erleichtern, kompliziert er alles. Warum? Weil seine Ausstrahlung derart chaotisch und finster ist, daß er alles zerstört, was immer er auch unternimmt. Wenn ein Mensch jedoch reines Licht, reine Liebe, reinen Verstand verkörpert, dann rettet er den anderen, anstatt ihn zu töten, sogar indem er ihn schlägt; denn alles in ihm, alles was er ausstrahlt, ist göttlich. Nur derjenige, der von den vierundzwanzig alten Weisen dafür vorherbestimmt ist, der schon seit langer Zeit dafür vorgesehen war, kann diesen Gipfel, die Sephira Kether, erreichen. Solange sich der Schüler aber auf dem Weg dorthin befindet, muß er verstehen, daß es Gesetze zu respektieren gibt.

In ihren beruflichen Aktivitäten akzeptieren die Menschen, daß es ein angebrachtes und ein unangebrachtes Verhalten gibt. Sobald es aber um den moralischen Bereich geht, glauben sie, dort gäbe es keine Regeln zu beachten. Doch gerade da irren sie sich. Als Hermes Trismegistos sagte: »Was unten ist, ist wie das, was oben ist und was oben ist, ist wie das, was unten ist« deutete er damit die gleiche Wahrheit an, ohne aber eine nähere Erklärung dafür zu geben. Seine Worte beziehen sich auf alle Ebenen und Bereiche, auf alle Aktivitäten des Menschen. Diese beiden Worte *unten* und *oben* enthalten in der Tat zahlreiche Prinzipien, Handlungen, Gegenstände, Farben, Formen, Kreaturen und Bereiche.

Die Gesetze der Natur...

Viele glauben also, daß das, was unten ist, das heißt hier auf der Erde, dem gleicht, was oben, im Himmel ist. Das stimmt nicht ganz. Das Irdische gleicht nicht dem Himmlischen. Weder die Formen, Größen und Farben, noch das Licht und die Glorie, noch die Erhabenheit sind unten so wie oben: es gelten nur unten wie oben die gleichen Gesetze. Hermes Trismegistos hat dies nicht ausdrücklich gesagt, weil er seinen Worten einen umfangreicheren Inhalt geben wollte, der immer nur denjenigen begreiflich war, die sich in die Überlegungen eines Denkers oder Eingeweihten hineinversetzen konnten.

Die Wissenschaftler haben, dank ihrer Kenntnis der physischen Gesetze, bereits außergewöhnliche Dinge verwirklicht wie die Reise zum Mond. Mit der Kenntnis der moralischen Gesetze jedoch würden ihre Möglichkeiten noch viel weiter reichen und dies nicht nur auf materieller Ebene, sondern auch in dem weiten, unendlichen Bereich der Seele und des Geistes. Sie beschäftigen sich mit Physik und Chemie, gut, aber es gibt auch die spirituelle Physik und die spirituelle Chemie, von denen sie nichts ahnen. Folglich fehlt der Wissenschaft ein ganz wesentlicher Aspekt: der Einblick in die psychische Welt mit ihren Gesetzen. Je mehr die Intellektuellen den letzten Hauch von moralischem Sinn aus dem menschlichen Bewußtsein zu verdrängen suchen, desto mehr arbeiten sie in

Richtung Untergang. Alles wird zusammenbrechen, und diejenigen, die die Moralgesetze ablehnen oder ihre Existenz bestreiten, sind schuld daran.

Gewiß, es ist gar nicht immer so einfach, die Gesetze der Moral zu entdecken. Dies ist aber noch lange kein Grund behaupten zu dürfen, sie existierten nicht. Keiner kann das, was ich eben sagte, herabsetzen oder bestreiten... Wer genügend Ausdauer besitzt, um sich richtig zu beobachten und zu analysieren, muß früher oder später feststellen, daß jede Überschreitung im Innenleben bezahlt werden muß, denn dieser Bereich wird von den unveränderlichen Gesetzen der ewigen Moral regiert.

Wenn ihr gegen ein Gesetz verstoßen habt, könnt ihr trotzdem sagen: »Ich esse, schlafe, verdiene Geld, es geht mir gut, ich kann keinen Unterschied feststellen!« Nun denn, meine lieben Freunde, dann seid ihr blind und seht nicht, was sich im feinstofflichen Bereich eures Wesens abspielt... Ihr könnt jahrelang Geschäfte machen und alles mögliche treiben, ohne zu merken, daß ihr etwas verliert. Was? Das müßt ihr selbst herausfinden. Ich weiß allerdings schon im voraus, was ihr entbehren müßt und welche schrecklichen Umwälzungen das in euch hervorrufen wird. Nach einigen Jahren ist eure Frische, euer Antrieb und vor allem die Freude an den Dingen entflohen. Aus geistiger Sicht sind

Die Gesetze der Natur...

das unermeßliche Verluste! Wenn ihr das nicht einseht, befindet ihr euch immer noch auf der tierischen Ebene. Es mag sein, daß ihr weiterhin arbeitet und viel Geld verdient, aber ihr seid kein Sohn, keine Tochter Gottes mehr, ihr seid nicht mehr biegsam, nicht mehr lebendig und nicht mehr strahlend wie das Licht. Es haben sich in euch große Umwandlungen vollzogen.

Die Tiere fressen, jagen, kämpfen, sie werben um einander und schützen ihre Jungen. Auch viele Menschen tun nicht mehr als das. Sie wissen nicht, daß sie auf die Erde geschickt wurden, um die Herrlichkeit Gottes zu offenbaren und alles hervorzubringen, was in ihnen edel und göttlich ist. Sie wurden geschickt, um aus der Erde ein Paradies zu machen. Das ist also ihre Aufgabe, aber die haben sie vergessen; sie essen, trinken, schlagen hier auf Erden Wurzeln und wollen nicht mehr weg. Deswegen entwurzelt man sie und schickt sie wieder auf die andere Seite zurück, wo man ihnen vor Augen führt, daß sie ihr Erdendasein vergeudet haben; und darunter leiden sie dann natürlich. Das Fegefeuer und die Hölle sind nichts anderes als dies. Aber wenn die Menschen dann bezahlt und sich geläutert haben, steigen sie höher, in den ersten Himmel auf und kommen anschließend wieder auf die Erde zurück, wo sie das Gute in sich weiterentwickeln können. Das ist also die Geschichte der Menschheit.

Die Menschen müssen ständig an ihre irdische Aufgabe erinnert werden, man muß sie dauernd fragen: »Warum seid ihr hergekommen? Erinnert euch!« Sich erinnern, aber wie? In einer Einweihungsschule, dank der hohen Wahrheiten und guten Einflüsse, die man dort erhält, mit Hilfe der Engel, erinnert sich der Schüler langsam an seine lichtvolle Heimat, aus der er stammt und in die er eines Tages wieder zurückkehren wird. Der höchste Segen, den ein Schüler empfangen kann, ist die Erinnerung. Er wird sich sogar an alle erlittenen Leiden, an alle begangenen Fehler, an alle Schulden erinnern, denn er muß diejenigen wiederfinden, die er geschädigt hat. Nun muß er diejenigen wiederfinden, die er betrogen hat. Er muß sich mit ihnen aussöhnen, alles wiedergutmachen, um sein Karma abzutragen. Das erwartet jeden Schüler, das erwartet auch euch. Eines Tages müßt ihr alles zurückerstatten, was ihr den anderen ungerechterweise genommen habt. Gewiß, diese Dinge hört man nicht so gern; die Menschen wollen lieber geschmeichelt werden, sie ziehen es vor, die unangenehmen Wahrheiten zu ignorieren. Selbst wenn man diese Tatsachen nicht hören will, muß man sie doch eines Tages zur Kenntnis nehmen. Ihr habt das große Privileg, diese Wahrheiten durch mich kennenlernen zu dürfen.

Bereitet euch also darauf vor, alle eure Fehler wiedergutzumachen, genau wie ich es tue. Neh-

Die Gesetze der Natur...

men wir einmal an, ich sei der größte Gangster und Brandstifter gewesen. Gut, aber jetzt sehe ich alles ein, bereue es und will alle meine Fehler wiedergutmachen. Angenommen, ich hätte euch mißhandelt, entehrt, bestohlen oder umgebracht... nehmen wir es einmal an. Indem ich euch jetzt ertrage, euch liebe und euch Vorträge halte, mache ich alles wieder gut und begleiche meine Schuld. Aber wenn das gar nicht stimmt? Um so besser! Dies ist ein Punkt, den ich absichtlich beiseite lasse; ich muß euch weder sagen, warum und wie ich auf die Erde gekommen bin, noch woher ich stamme, das betrifft nur mich selbst, ihr dürft aber ruhig glauben, daß ich jemand bin, der sämtliche Gesetze überschritten hat, jemand, der verurteilt ist, seine Schulden jetzt bei euch zu begleichen. Seht ihr, solche Dinge hört man gern, nicht wahr?

Wenn ich über so etwas ohne Verlegenheit sprechen kann, warum akzeptiert nicht auch ihr meine Denkweise? Warum begleicht nicht auch ihr eure Schuld bei eurem Mann, eurer Frau, euren Kindern, Eltern oder Freunden? Natürlich wollt ihr euch selbst lieber tadellos fühlen und mich als den Schuldigen, als den Verbrecher hinstellen. Gut, meinetwegen. Aber stimmt das? Unwichtig... Wenn ich meine Unvollkommenheit vor euch eingestehen kann, dann tut das gleiche bei den anderen. Jemand, der von seinem Kind ewig gequält und herabgesetzt wird, beklagt sich bei mir: »Was habe ich nur dem lieben Gott angetan, daß ich ein solches Kind verdiene?« – »In ihrer Vergangenheit haben Sie sich sicher diesem Kind gegenüber schuldig gemacht, sonst hätte es sich nicht in Ihrer Familie verkörpert.« Viele ehrliche und rechtschaffene Eltern leiden unter ihren Kindern, weil sie Flegel sind. Das ist doch wirklich erstaunlich. Den natürlichen Gesetzen entsprechend, müßte dies eigentlich unmöglich sein, da sie doch nie einen solchen Samen gesät haben. Trotzdem gibt es immer einen Grund dafür, denn das Gesetz ist gerecht.

Kürzlich kam ein Bruder zu mir, der, obgleich er den Seinen viel Güte und Großzügigkeit entgegenbrachte, nur Undank und Grausamkeit erntete. Diese Ungerechtigkeit machte ihn vollkommen niedergeschlagen. Ich sagte ihm: »Soll ich Ihnen einen Schlüssel, ein Heilmittel, ein wirksames Gegengift geben? Wenn Sie sich nicht mehr aufregen und ärgern wollen, wenn Sie schnell wieder auf die Beine kommen wollen, dann müssen Sie eines wissen: die unsichtbare Welt wendet diese Mittel an, um Sie zu stärken, zu bessern, Sie zu befreien oder um Sie zur Einsicht zu bringen. Was Sie so kaputt und krank macht, ist der Gedanke, daß alles, was man Ihnen antut, ungerecht ist. Sobald Sie aber glauben können, daß alles seine Richtigkeit hat, daß alles gerecht ist, werden Sie sich wieder gut fühlen.« Der Bruder vertraute mir, und sein

Die Gesetze der Natur...

Zustand besserte sich, jetzt ist er wieder ausgeglichen und strahlend. Er denkt, daß er wohl für frühere Missetaten bezahlt, und das hat ihn gerettet. Natürlich müßt ihr diese Denkweise akzeptieren können, sonst hören die Qualen und Schmerzen, die an eurem Organismus, an eurem Magen, eurem Herzen, eurem Nervensystem nagen, nicht auf.

Heute gebe ich euch den gleichen Rat: Wenn euch Ungerechtigkeiten quälen, versucht zu der Einstellung zu kommen, daß alles nur scheinbar, nicht aber tatsächlich ungerecht ist. Auch wenn dies nicht zutrifft, ist diese Einstellung wirksam. Wenn ihr sie annehmt, befreit ihr euch, leidet nicht länger und bessert euch. Das habe ich am eigenen Leibe erfahren. Früher, als ich dieses Heilmittel noch nicht kannte, stellte ich mir oft Fragen über alles, was mir zustieß. Heute tue ich das nicht mehr, heute halte ich alles für gerecht und verdient, sogar, wenn es nicht stimmt. Was hatte Jesus den Menschen angetan, um gekreuzigt zu werden?... Das Schicksal von Jesus war natürlich eine Ausnahme und ihr dürft euch nicht einbilden, daß ihr euch in der gleichen Situation befindet. Trotzdem kann es vorkommen, daß Unschuldige eingesperrt und umgebracht werden. Wenn solche Menschen sich gegen die Ungerechtigkeit auflehnen, quälen sie sich unnötig. Hier auf Erden soll man sich für genauso schuldig halten wie alle anderen, auch wenn es nicht wahr ist. Denn allein dieser Gedanke befreit!

Ihr müßt in eurem Innern den geistigen Bereich entdecken, in dem unveränderliche Gesetze gelten. Die geringste Überschreitung dieser Gesetze muß früher oder später bezahlt werden. Ihr laßt euch durch die Verzögerung, mit der sich die Strafe vollzieht, täuschen. Trotzdem wird alles registriert und hat seine Folgen. Das gleiche Gesetz läßt sich auf zahlreichen Gebieten wiederfinden. In der Chemie zum Beispiel verwendet man Lackmus, auch er braucht eine gewisse Zeit, um sich von rot auf blau oder umgekehrt zu verfärben. Für den vollständigen Farbwechsel ist der letzte Tropfen entscheidend, aber viele andere gingen ihm voraus. Auch die Uhrzeiger bewegen sich erst, nachdem sich viele Rädchen in Gang gesetzt haben. Der Zeitraum zwischen einer Auslösung und einem sichtbaren, faßbaren Ergebnis ist mehr oder weniger groß; da jedoch alles mit allem verbunden ist, gibt es unweigerlich ein Resultat.

Angenommen, ihr habt ein Laster oder eine Leidenschaft. Da ihr die Auswirkungen davon nicht sofort feststellen könnt, macht ihr im gleichen Sinne weiter, bringt mehr und mehr Räder ins Rollen, bis ihr euch dann eines Tages fragt, warum ihr so erschöpft, so krank seid. Was euch jetzt zustößt, ist das, was schon seit langem in Bewegung gesetzt worden war. Heute trifft eine Vorladung

Die Gesetze der Natur... 133

vom Gerichtsvollzieher ein, aber das war schon lange vorherzusehen! Warum begreifen die Menschen dieses Gesetz nicht, das doch überall gegenwärtig ist? Ihre Niedergeschlagenheit und ihr ganzes Leid sind darauf zurückzuführen, daß sie den Mechanismus ihrer psychischen und physischen *Organe* nicht kannten oder nicht zu interpretieren wußten.

Wenn ihr Töchter und Söhne Gottes, wenn ihr vollkommene Wesen werden wollt, die das Leben der Seele und des Geistes leben, müßt ihr die Gesetze der wahren Moral respektieren. Einen anderen Weg gibt es nicht. Wer die Gesetze nicht befolgt, der bleibt vor verschlossenen Türen stehen. Die unsichtbare Welt beugt sich nicht vor den launischen, respektlosen, anarchistischen, unmoralischen Leuten. »Die unsichtbare Welt?«, fragt ihr. Jawohl, gerade die unsichtbare Welt! Wenn ihr jetzt behauptet, daß ihr nicht an etwas Unsichtbares glauben könnt, dann muß ich euch sagen, daß ihr nicht richtig überlegen könnt. Sind eure Gedanken sichtbar? Könnt ihr euer Bewußtsein, eure Ansichten, Gefühle und eure Pläne sehen?... Nein, aber trotzdem seid ihr von ihrer Existenz überzeugt. Man kämpft für seine Überzeugungen, bringt sogar Menschen dafür um, obgleich auch diese Überzeugungen nicht zu sehen sind. Ihr habt noch nicht einmal gemerkt, daß ihr euer ganzes Leben auf unsichtbaren Dingen aufbaut. Allein die unsichtbare Welt existiert, alles andere ist zweifelhaft. Wer diese Realität bestreitet, der sägt den Ast ab, auf dem er sitzt und wird eines Tages zu Boden fallen. Wie kommt es, daß man sich nicht schämt, solche Wahrheiten zu bestreiten, anstatt zuzugeben, daß man noch nichts gelernt hat? Wenn die Menschen die Existenz der unsichtbaren Welt bestreiten, unterschreiben sie damit ihr Todesurteil.

Die Menschen werden solange leiden, bis sie begreifen, daß die unsichtbare Welt die einzig wahre Realität ist. Jemandem, der nicht begreifen will, gebe ich zu bedenken: »Sie glauben nur an das Sichtbare, nicht wahr? Sie sind reich. Wenn Ihnen nun jemand an die Gurgel springt und droht: »Das Geld her oder das Leben!« dann würden Sie, auch wenn Sie bis dahin nicht an das Leben glaubten, da es ja unsichtbar ist, plötzlich das Unsichtbare anerkennen und alles Sichtbare dafür geben. Wie unlogisch! Logischerweise hätten Sie doch sagen müssen: »Nimm mein Leben, aber laß mir mein Geld!« Wenn Sie aber tot sind, können Sie mit ihrem Geld auch nichts mehr anfangen!... Nichts ist wertvoller als das Unsichtbare. Das Leben ist eine unsichtbare Realität, und trotzdem geben Sie alles dafür auf. Ah, die Menschen sind wirklich komisch!«

Gibt es eine unsichtbare Welt? Verlangt sie denselben Respekt wie die sichtbare? Ja, und sogar viel mehr! Jeder muß sich jetzt über die Existenz

Die Gesetze der Natur... 135

des feinstofflichen Lebens bewußt werden und es schätzen. Ihr werdet feststellen, daß dies große Veränderungen in euch bewirken wird. Auch wenn die anderen nichts davon bemerken, werdet ihr in innerer Freiheit, Freude, Leichtherzigkeit und Eingebung leben, ein Leben voll Musik, Harmonie und wahrer Poesie führen... Wenn ihr diesen Zustand erreicht habt, wird sich dies sogar auf eure materiellen Angelegenheiten auswirken. Eure Umwelt wird bald etwas von dem fühlen, was ihr in eurem Innern erlebt, und vielleicht werden euch dann alle ihre Schätze zu Füßen legen. Alles ist miteinander verbunden, der innere Reichtum zieht den äußeren Wohlstand an, nur dauert es einige Zeit, bis dieser Effekt auftritt. Wenn ihr dieses innere Leben vollkommen leben könnt, werden eure Vibrationen und Strahlungen in die ganze Welt, bis zu den entferntesten Sternen reichen, von wo sie euch Glück und Segen bringen werden.

Bald werdet ihr großes Glück erleben, es ist bereits auf dem Weg zu euch, es nähert sich und ruft: »Hier bin ich !« – »Woher kommst du denn? Wer hat dich gerufen und wann?« – »Das warst du selbst, aber es ist schon lange her!« Ja, das Glück ist im Anmarsch, nur braucht es genügend Zeit, denn es kommt von weit her... Das gleiche gilt leider auch für das Unglück. Man hat es schon lange unbewußt angezogen. Was kann also ein unwissender, finsterer, dummer Mensch erwarten? Die höchsten Ehren? Das reinste Licht? Den Besuch der höchsten Erzengel? Unmöglich! Solch eine Pracht und Herrlichkeit kann er nicht anziehen. Warum nicht? Weil es ein Gesetz der Wechselwirkung gibt, das die Eingeweihten der Antike hinter den Worten: »Gleich und gleich gesellt sich gern« verborgen haben. Dieser Satz enthält eine ganze Wissenschaft. Da die Menschen aber in jener Zeit noch zu primitiv waren, um das Gesetz der Wechselbeziehung (auch Affinität, Echo, Rückstoß oder Polarität genannt) zu begreifen, zogen es die Weisen vor, dieses Sprichwort unter das Volk zu bringen. »Wodurch habe ich nur all dieses Unglück herbeigerufen?« – »Durch Ihre Denk- und Handlungsweise, es konnte gar nicht anders kommen!«, würden die Eingeweihten antworten. »Und das Glück?« – »Durch Ihre Arbeit, Aufopferung und Großzügigkeit...« Alles hat seine Richtigkeit. Der Himmel ist gerecht, er fragt nicht nach eurer Meinung, ihr bekommt, was ihr verdient!

VII

DAS GESETZ DER EINPRÄGUNG

Jedes Wesen, jedes Ding besitzt ein Doppel in der Natur, auch jede Handlung wird doppelt ausgeführt. Wenn ihr jemandem helft oder ihm schadet, ist die Originalhandlung abgeschlossen, aber sie hinterläßt in euch den Abdruck ihres Siegels, ihre Einprägung, die die gleiche Beschaffenheit hat wie das Original. Das ist eine Tatsache, die den Menschen unbekannt ist. Sie glauben nicht, daß ihre guten oder schlechten Taten über die abgeschlossene Handlung hinaus wirken. Doch! Leider oder Gott sei Dank... leider, wenn es sich um das Schlechte, und Gott sei Dank, wenn es sich um das Gute handelt.

Alles in der Natur hat eine Entsprechung: die Pflanzen, die Insekten, die Tiere, die Sterne und die Berge. Im Moment interessiert uns aber nur der Mensch. Die Hellseher können das ätherische Doppel des Menschen wahrnehmen, das die gleiche Form und die gleichen Aufgaben hat wie der physische Körper. In gewissen Fällen kann dem Menschen sein ätherisches Doppel sogar entzogen werden, wodurch er seine Sensibilität verliert: man kann ihn stechen, schlagen, verbrennen, er fühlt nichts. In Wirklichkeit bleibt der Ätherleib auch auf Entfernung durch ein silbernes Band mit dem physischen Körper verbunden. Reißt das Band aus irgendeinem Grund – durch Schock, Verletzung oder Krankheit – dann stirbt der Mensch.

Nicht nur der stoffliche Körper hat eine Kopie, sondern auch der Astral- und der Mentalleib. Das Astral- und das Mentaldoppel führen dem Menschen Energien zu (dem Astralleib Energien für den Gefühlsbereich und dem Mentalleib Energien für den Bereich der Gedanken). Wenn der Mensch von seinem Astralleib getrennt ist, wird er völlig gleichgültig, er hat weder Gefühle noch Regungen. Ebenso wird er völlig denkunfähig, wenn sein Mentaldoppel von ihm getrennt ist. Dies sind Phänomene, die bisher weder richtig bekannt waren noch richtig erklärt wurden. Die Ärzte und Psychiater könnten mit diesen Erkenntnissen die Ursache vieler geistiger Anomalien finden, die ihnen bislang unerklärlich schienen, und für die sie den Grund im körperlichen Bereich suchten, obwohl er doch meistens woanders liegt.

Befassen wir uns etwas näher mit dem *Doppel*. Ihr wißt, daß die Behörden von allen Akten, Erlassen und Verordnungen Kopien oder Photokopien

Das Gesetz der Einprägung

herstellen. Das Original wird ausgehändigt, und das Duplikat bleibt als Nachweis in den Archiven. Diese Idee stammt nicht von den Menschen, sondern von der Natur. Sie hat als erste daran gedacht. Deshalb gibt es von jeder einzelnen Handlung eine Kopie. Wenn wir aus dieser Welt scheiden, stehen wir mit dieser Kopie, oder besser gesagt, mit diesen drei Kopien – des physischen, des astralen und des mentalen Bereiches für unsere Taten, Gefühle und Gedanken – vor dem Himmel. Die Originale sind verschwunden – keiner weiß wohin, auf andere Planeten oder Sterne – sie können nicht wieder hergeholt werden, dazu ist es zu spät, aber das wahre und originalgetreue Doppel bleibt immer in uns.

Sobald der Mensch in der anderen Welt angekommen ist, muß er sich mit seinem Lebensfilm einer Versammlung sehr hoch entwickelter Geistwesen stellen und an der Projektion teilnehmen. Diese Filmvorführung ist nicht für die Geistwesen bestimmt, denn sie brauchen über das Leben dieses Menschen nicht informiert werden, sie kennen es bereits, sie wissen schon im voraus über ihn Bescheid, über seinen Entwicklungsgrad, seine Sünden, seine Verbrechen und seine guten Taten. Der Mensch kennt sich jedoch nicht selbst, er ist der arme Unwissende, der sich einbildet, eine Gottheit... oder ein Ungeheuer zu sein! Und da er sich irrt, zeigt man ihm genau, was er wirklich war.

Nicht die Geschöpfe der unsichtbaren Welt, sondern wir müssen belehrt werden. Wir behalten also alle eine Kopie in unserem Innern, damit wir sie mitnehmen können, wenn wir uns ins Jenseits begeben. Ob ihr es glaubt oder nicht, ihr könnt nichts an den Tatsachen ändern, denn so verhalten sich die Dinge und werden auch so bleiben, ganz unabhängig von eurem Glauben. Gewiß, glauben und akzeptieren wäre vernünftiger, denn dadurch könnte man sich bessern, sich vervollkommnen. Würde jeder diese hohen Wahrheiten kennen, gäbe es, glaube ich, nur sehr wenige, die bei ihren Fehlern verharren wollten. Da die Menschen aber nichts darüber wissen, leben sie weiter so dahin, ohne die Folgen ihres Verhaltens auch nur zu ahnen. Deshalb müssen alle, und besonders die Kinder, belehrt und aufgeklärt werden: »Seht, es gibt dieses und jenes Gesetz...«, auch wenn sie es in diesem Moment noch nicht richtig erfassen können, werden sie später darauf zurückkommen und darüber nachdenken; und vor allem bieten sich ihnen dann genügend Gelegenheiten, um die Gültigkeit dieser Gesetze nachzuprüfen.

Was passiert zum Beispiel, wenn jemand ein Verbrechen begangen hat? Warum wird er ewig von Erinnerungen, von immer wieder auftauchenden Bildern gequält, die ihm keine Ruhe lassen, obwohl die Tat doch geschehen, längst vorüber ist und der Vergangenheit angehört, es keine sichtba-

Das Gesetz der Einprägung

ren Spuren gibt und er nicht verfolgt wird? Ja, aber die Einprägung dieser Tat ist ständig gegenwärtig, und er kann sie nicht wieder loswerden. Ihr könnt also sehen, daß es gar kein Studium der Heiligen Schriften der Menschheit bedarf, um diese Dinge zu glauben; sie können sofort am eigenen Leib nachgeprüft werden. Warum gibt es die Erinnerungen, die Gedankenbilder, und das schlechte Gewissen, die ihn weder essen, trinken noch schlafen lassen, bis er alles wieder gutgemacht hat? Weil sich alles in seinem Inneren eingeprägt hat.

Die kosmische Intelligenz hatte genügend Zeit, alles gut aufeinander abzustimmen und das Universum weise aufzubauen. Nur im Verstand der armen Menschen ist alles durcheinander, chaotisch und ohne Sinn. Jede Erklärung über dieses Thema wird mit der Antwort zurückgewiesen: »Nein, das glaube ich nicht!« Wofür halten sich solche Leute eigentlich, wenn sie so etwas behaupten? Wenn sie tatsächlich so erhaben sind, warum zeigen sie sich dann in ihrem täglichen Leben so klein, schwach, unfähig, den Lauf der Dinge zu ändern und sich von ihren Qualen und Sorgen zu befreien?

Es wird also alles registriert. Wenn ihr dieses Gesetz kennt, wißt ihr, daß ihr aufmerksam sein müßt, und daß ihr euch nicht gehen lassen dürft, denn jeder schlechte Gedanke, der euch in den Sinn kommt, hinterläßt für alle Ewigkeit Spuren. Wenn diese Klischees sich erst einmal in euch eingeprägt haben, neigen sie dazu, sich ewig zu wiederholen. Über dieses Thema habe ich schon oft gesprochen. Ich habe euch erklärt, wie ihr euch neue Denkweisen einprägen könnt, damit sich die bedauerlichen Angewohnheiten der Vergangenheit nicht immer wiederholen. Wenn ihr nichts unternehmt, um sie auszutauschen, treten sie in jeder Inkarnation wieder auf und es gibt keinen Grund für die Schwächen, nicht fortzubestehen. Die guten Eigenschaften muß man behalten, stärken und verbessern, denn das Gute kann immer noch besser werden, eure Schwächen aber müßt ihr abschaffen.

Die Menschen wissen nicht viel darüber, wie sie ihre Fehler korrigieren können; sie verlieren den Mut, weil sie dauernd gegen gewisse Angewohnheiten ankämpfen, die sie, wer weiß wann, angenommen haben und nun nicht mehr loswerden können. Anstatt sich mit ihren Fehlern zu befassen, die das Ergebnis vergangener Zerstörungsarbeiten sind, sollten sie sich lieber auf die Zukunft konzentrieren. Von jetzt an sollt ihr euch also sagen: »Jetzt will ich alles reparieren, alles wieder neu aufbauen«. Dann müßt ihr täglich hartnäckig, mit unerbittlichem Glauben und absoluter Überzeugung in diesem Sinne arbeiten. Das heißt, ihr müßt alle euch von Gott gegebenen Elemente – Vorstellungskraft, Denkvermögen und Gefühle – einsetzen, euch auf sie konzentrieren und die

Das Gesetz der Einprägung 145

schönsten Bilder auf euch projizieren, euch von Musik, von Licht und vollendeten Formen umgeben sehen, euch in die Sonne versetzen und euch vorstellen, daß ihr Güte und Großzügigkeit besitzt, um euren Mitmenschen zu helfen, sie zu unterstützen und sie zu erleuchten.

Da alles registriert wird, sollte jeder versuchen, sich nur das Vollkommenste einzuprägen. Wenn ihr diese Arbeit beginnt, werdet ihr sehen, daß sie euch voll in Anspruch nimmt, beschäftigt und derart inspiriert, daß sie eine unerschöpfliche Quelle der Freude wird; denn ihr errichtet in euch den Tempel Gottes. Ich kenne keine höhere Arbeit als die, in seinem Inneren mit den edelsten Stoffen, mit selbstlosen Gedanken, Gefühlen und Taten die Heilige Stätte des Herrn zu erbauen.

Diese Beschäftigung liegt den meisten Menschen fern, sie versuchen nur, ihr Gehirn mit ein bißchen Wissen zu füllen, ohne die wahre Arbeit überhaupt zu beginnen. Der Unterschied zwischen unserer Lehre und allen anderen Schulen besteht darin, daß in den anderen Schulen gelernt, hier jedoch gearbeitet wird. Gewisse Kenntnisse mögen nützlich sein, aber sie ändern uns nicht. Nicht das Gelesene und Gehörte, sonder einzig und allein die Arbeit, die wir an uns selbst verrichten, kann uns umwandeln. Das Wissen kann uns zur Arbeit anregen; wenn wir aber nichts unternehmen, keine Kräfte in uns freimachen, werden wir uns nie ändern. Wir können lernen, was wir wollen, aber wenn wir das Wissen nicht in die Tat umsetzen, bleiben wir genau die Gleichen.

Gewiß, in der Universellen Weißen Bruderschaft lernen wir auch einiges, vor allem aber werden wir innerlich angeregt, Umwandlungsarbeit in unserem eigenen Wesen zu leisten, indem wir täglich sehr hoch aufsteigen, um dort die nötigen Baustoffe zu holen, genau wie ein Architekt, Maurer oder Handwerker. Manche werden jetzt einwenden: »Aber so eine Arbeit macht mir überhaupt keinen Spaß!« Seht ihr, damit klassifizieren sie sich sofort selbst. Alle Geschöpfe sind in der Natur eingeordnet. Alle haben eine Unterkunft, eine Höhle gefunden, haben sich, je nach ihrem Geschmack und ihrer Neigung eine Haut, ein Fell oder Federn fabriziert. Diese Einordnung nennt man dann Schicksal. Auch uns wird die Natur eines Tages, unseren Vorlieben entsprechend, einordnen.

Ich sage euch, daß das Schicksal eines Menschen in Wirklichkeit durch seine Bedürfnisse bestimmt wird. Nehmen wir ein Beispiel: wenn ihr Alkohol oder Drogen braucht, wenn ihr jede Nacht in Nightclubs gehen oder im Kasino Roulette spielen müßt, ist eure Zukunft bereits festgelegt: Verfall, Elend, vielleicht sogar Gefängnis stehen euch bevor. Wenn ihr dagegen das Bedürfnis habt,

Das Gesetz der Einprägung

himmlische Schönheit zu schauen, Frieden und Licht zu verbreiten, dann ist auch dies ein klarer Fall: ihr werdet Glück und Fülle finden. Wie kommt es, daß die Menschen nicht erkannt haben, daß sie jeder Wunsch, jedes Verlangen auf bestimmte Gleise setzt, die sie in Gebiete mit Wespen, Schlangen und Raubtieren führen, wo sie zugrunde gehen, oder in lichtvolle, wunderbare Sphären, wo sie große Freuden finden werden?... Der Mensch wählt durch seinen Geschmack, seine Neigungen und Wünsche selbst sein Ziel.

Für den einen sind Krankheiten, für den anderen Fehlschläge, für einen dritten schlechte Behandlung und Opfer vorbestimmt. Sie selbst haben dieses Schicksal für sich gewählt und festgelegt. Ihr fragt: »Kann man denn dem Schicksal entkommen?« Nicht in diesem Leben, aber wäre man im vorherigen Leben intelligent und vernünftig gewesen, hätte man vieles für das heutige tun können. Jetzt können wir nur noch großen Einfluß auf das folgende Leben ausüben, doch nur unter der Bedingung, daß wir Tag und Nacht an neuen Einprägungen arbeiten.

Ich weiß, diese Worte sind schwer in die Tat umzusetzen. Wie kann man in sich selbst den guten Willen und den Antrieb zum Beginn und zur Fortsetzung einer solchen Arbeit finden? Zuerst muß man an sich selbst arbeiten, denn alles, was man in sich selbst erreicht hat, wirkt sich günstig auf die ganze Welt aus. Alle anderen Arbeiten und gut kombinierten Aktivitäten auf der materiellen Ebene, weiß Gott, ob die den andern nützlich sind! Alles prägt sich ein, wird auf Spulen registriert... Wenn der Mensch dann am Ende seines Lebens auf die andere Seite übertritt, stellen ihm die himmlischen Wesen nicht einmal die Frage: »Wie hast Du gelebt? Was hast Du getan? Hast Du den Menschen geholfen? Hast Du sie getröstet? Hast Du sie zur Quelle geführt?« Sie fragen ihn erst gar nicht, denn sie wissen schon im voraus, daß er sie belügen wird; deshalb entnehmen sie ihm die kleine Filmspule und lassen sein Leben vor ihm ablaufen; was muß er da nicht alles mit ansehen!...

Ihr sagt: »Das ist doch unmöglich!« Doch, der Mensch besitzt an der Spitze seines Herzens eine winzig kleine Aufnahmespule, ein Atom, in dem sein ganzes Leben registriert ist. Nehmt ein Tonband: Es ist ein einfaches Band und gibt keinen Laut von sich, aber sowie es auf ein bestimmtes Gerät gelegt wird, was kann man da nicht alles hören!... Den »Barbier von Sevilla«... Nun denn, damit ihr keine Märchen erzählt, um euch zu rechtfertigen, ruft man euch herbei und fordert euch auf: »Setze Dich hier hübsch artig hin!« Es wird euch ein Platz vor der Leinwand zugewiesen, und ihr müßt euch alles bis ins letzte Detail ansehen. Die Geschichte erzählt nicht, wie euch dann die Haare zu Berge stehen! Ihr wendet ein: »Aber

Das Gesetz der Einprägung

dann haben wir doch gar keine Haare mehr!« Es gibt dort andere Haare, die eine andere Beschaffenheit haben. Ihr habt eure stofflichen Locken hiergelassen, aber drüben habt ihr andere, und die stehen zu Berge. Jetzt ist es vorbei mit den Lügen.

Alle diese Wahrheiten könnt ihr in den Heiligen Schriften nachlesen, vor allem in den Büchern der alten Ägypter, zum Beispiel im »Buch der Toten«, obgleich es dort ein bißchen anders geschildert wird. Dort kommt der Tod zu Osiris, seine Seele wird abgewogen, usw... Es gibt auch ein tibetanisches Totenbuch, das von den verschiedenen Etappen des Weges der Seele ins Jenseits berichtet: von ihrer Verurteilung und den Bedingungen für ihre Wiederverkörperung.

Dies waren einige Worte über die Einprägung. Habt ihr jetzt erkannt, wie wichtig es ist, jeden Tag neue, bessere Einprägungen vorzunehmen? Was geschieht mit den alten? Die werden nach und nach von den neuen überdeckt. Seht ihr, diese Perspektive kann euch doch nur ermutigen.

Leider werdet ihr noch lange Zeit Dinge registrieren, die nicht gerade fabelhaft sind, weil ihr euch von den alten, schon vorhandenen Angewohnheiten immer wieder verleiten laßt. Seid euch aber wenigstens dessen bewußt, damit sich die Lage nicht noch verschlimmert. Sobald ihr merkt, daß sich etwas Schlechtes bei euch einprägt, handelt sofort dagegen, repariert, damit die

Folgen ausbleiben. Ihr habt schlecht über jemanden gedacht, habt verletzende Worte gesagt, habt zerstört – werdet euch sofort dessen bewußt und macht den Schaden wieder gut. Mehr könnt ihr oft im Augenblick nicht tun, aber tut wenigstens das. Manche unternehmen überhaupt nichts, um einen negativen Gedanken oder eine schlechte Tat auszugleichen. Wie oft habe ich das schon gesehen! Es gibt aber auch andere, die es wenigstens erkennen und sagen: »Oh, das ist mir ausgerutscht, ich konnte mich nicht beherrschen.« Das kann jedem passieren, aber man muß sich dessen wenigstens sofort bewußt werden und versuchen, es wieder gutzumachen.

VIII

DIE REINKARNATION

I

Heute möchte ich über die Reinkarnation sprechen, denn ich sehe, daß dieses Thema einige von euch manchmal beschäftigt und beunruhigt. Sie wurden immer dahingehend unterrichtet, daß der Mensch nur einmal lebe. Da sie nun von Reinkarnation sprechen hören, sind sie verwirrt, und in ihrem Kopf herrscht Unklarheit.

Über dieses Thema könnte man sich lang und breit auslassen und zum Beispiel darlegen, wie die Tibeter, die Hindus und die Ägypter darüber dachten, welche Arbeiten und Erfahrungen sie diesbezüglich gemacht haben. Jedoch möchte ich mich darauf beschränken, einige Bibelstellen zu interpretieren, und euch beweisen, daß Jesus selbst über die Reinkarnation Bescheid wußte und sie als gegeben ansah. Nun werdet ihr einwenden, daß ihr alle Evangelien durchgelesen und nirgendwo das Wort *Reinkarnation* gefunden habt. Aber darauf gebe ich euch zur Antwort, daß es nicht weiter erstaunlich ist, wenn zu einer Zeit, in der alle an die Reinkarnation glaubten, diese nicht besonders erwähnt wird. Wie konnten die Evangelisten denn ahnen, daß sie in Hinblick auf eine Zeit, in der die Menschen nicht mehr daran glauben würden, besonders davon sprechen müßten? Sie haben so wenig in ihren Schriften berichtet, daß sie nicht extra zu etwas Stellung nahmen, was schon zur Tradition gehörte. Ist das nicht überzeugend?... Nun, gut, ihr werdet nachher schon überzeugt sein.

Befassen wir uns in den Evangelien einmal mit bestimmten Fragen, die von Jesus oder von den Jüngern gestellt wurden, und mit den darauf gegebenen Antworten. Eines Tages fragte Jesus seine Jünger: »Was sagt man von mir, wer ich sei?« Was bedeutet denn diese Frage? Habt ihr schon mal jemanden fragen hören: »Was sagt man von mir, wer ich sei?« Sie wissen, wer sie sind, und fragen sich nicht, was die anderen darüber sagen. Um eine solche Frage zu stellen, muß man an die Reinkarnation glauben. Und seht nur, was die Jünger antworten: »Die einen sagen, du seist Johannes der Täufer, die anderen sagen, du seist Elias und wieder andere meinen, du seist Jeremia oder einer der Propheten.« Wie kann man sagen, jemand sei dieser oder jener, der schon seit langem gestorben ist, wenn man nicht die Vorstellung der Reinkarnation miteinbezieht?

Ein andermal begegnen Jesus und die Jünger

Die Reinkarnation

einem Menschen, der von Geburt an blind ist, und die Jünger fragen: »Rabbi, wer hat gesündigt, dieser Mann oder seine Eltern, daß er blind geboren wurde?« Hier ist es genauso. Würde man solche absurden Fragen stellen, wenn man nicht an die Reinkarnation glaubte? Wann hätte denn dieser Mann im Mutterleib sündigen sollen? In welche Kneipe oder in welches Nachtlokal ist er denn wohl gegangen? Oder welche unehrlichen Geschäfte hat er wohl gemacht? Wen mag er umgebracht haben? Entweder ist diese Frage unsinnig, oder aber sie schließt den Glauben an ein früheres Leben mit ein.

Nun mögt ihr einwenden: »Ja, aber die Jünger Jesu waren ungebildete Leute; es heißt, sie seien Fischer gewesen. Da konnten sie schon einmal etwas seltsame Fragen stellen.« Wenn das der Fall gewesen wäre, hätte Jesus sie gewiß darauf aufmerksam gemacht. Man sieht in den Evangelien, daß er in bestimmten Fällen nicht zögerte, seine Jünger zurechtzuweisen. Hier weist er sie jedoch nicht zurecht, sondern antwortet einfach: »Weder er noch seine Eltern haben gesündigt...« Auch das ist eine wichtige Stelle. Die Jünger hatten gefragt, ob die Eltern gesündigt hätten und ob deshalb ihr Sohn blind zur Welt gekommen sei, da sie nach dem hebräischen Gesetz gelernt hatten, daß jede Anomalie, jedes Gebrechen und jedes Unglück auf eine Übertretung der Gesetze zurückzuführen ist, daß aber oftmals jemand für einen anderen die Schuld sühnen kann. Und wenn man demnach also jemanden im Unglück sah, so konnte man nicht wissen, ob er für seine eigenen Fehler büßte, oder ob er sich für jemand anderen opferte. Jedenfalls glaubten die Juden das.

Da nun alles, was einem Übles widerfahren kann, die Folge einer Gesetzesübertretung ist, stellten die Jünger also diese Frage. Sie wußten ja, daß ein Mensch nicht ohne Grund blind zur Welt kommen kann... oder einfach nur, weil es Gott gerade so gefällt, ihn blind sein zu lassen, wie die Christen sich das vorstellen! Jesus antwortete also: »Weder er noch seine Eltern haben gesündigt, sondern dies ist geschehen, damit die Werke Gottes an ihm offenbar werden.« Das soll heißen, damit ich ihn heilen kann, wenn ich vorbeikomme, und damit das Volk an mich glaube. Und dann hat er ihnen erklärt: »Ihr habt gelernt, daß die Menschen aus zwei Gründen leiden müssen. Entweder haben sie gesündigt und müssen das sühnen, oder sie nehmen das Karma von jemand anders auf sich, ohne selbst gefehlt zu haben, sie opfern sich, um sich zu entwickeln. Es gibt aber noch eine dritte Gruppe. Diese haben ihre Entwicklung beendet, sie sind frei und durch nichts gezwungen, wieder auf die Erde zu kommen. Und doch kommen sie oftmals wieder, da sie es auf sich nehmen, irgend-

Die Reinkarnation 157

eine Krankheit, ein Leiden oder ein Gebrechen zu ertragen oder sogar zum Märtyrer zu werden, um so der Menschheit zu helfen. Nun, dieser Blindgeborene gehört dieser dritten Gruppe an. Weder er noch seine Eltern haben gesündigt. Er ist mit diesem Leiden auf die Welt gekommen, damit er durch mich geheilt werde und alle an mich glauben.« Dadurch hat dieser Mann viele Menschen gerettet.

Und falls ihr noch nicht überzeugt seid, habe ich noch weitere Argumente. Jesus erfährt eines Tages, daß Johannes ins Gefängnis gekommen ist, und im Text heißt es dann nur: »Als Jesus von der Gefangennahme des Johannes erfuhr, zog er sich nach Galiläa zurück.« Einige Zeit darauf wird Johannes auf Befehl des Herodes enthauptet. Nach seiner Verklärung fragen die Jünger Jesus: »Warum sagen die Schriftgelehrten, daß Elias zuvor kommen muß?« Und Jesus antwortet: »Es ist wahr, daß Elias kommen und alles richten muß; aber ich sage euch, Elias ist schon gekommen, und sie haben ihn nicht erkannt, sondern mit ihm getan, wie sie es wollten.« Dann heißt es weiter im Text: »Da verstanden die Jünger, daß er von Johannes dem Täufer sprach.« Daraus geht klar hervor, daß Johannes die Wiedergeburt von Elias war. Übrigens berichten die Evangelien auch, daß ein Engel Zacharias, dem Vater von Johannes, erschien, um ihm zu verkünden, daß seine Frau Elisabeth einen Jungen zur Welt bringen würde, und er sagte: »Er wird vor Gott hergehen in Geist und Kraft des Elias.«

Schauen wir uns nun einmal das Leben des Propheten Elias an, um herauszufinden, was er getan hat, daß er enthauptet wurde, als er sich später als Johannes der Täufer wieder inkarnierte. Das ist eine sehr interessante Geschichte. Elias lebte zur Zeit des Königs Ahab. Dieser hatte Isebel geheiratet, die Tochter des Königs von Sidon, und ihretwegen betete er Baal an. Elias ging nun hin zu dem König Ahab und machte ihm Vorwürfe wegen seiner Untreue gegenüber dem Gott Israels und sagte zu ihm: »Es soll diese Jahre weder Tau noch Regen kommen, es sei denn, ich sage es.« Dann ging er auf Weisung Gottes fort und versteckte sich in den Bergen, um so den Verfolgungen des Königs zu entgehen. Nach drei Jahren hatte die Trockenheit im ganzen Land eine große Dürre hinterlassen. Das Volk litt Hunger, und Gott sandte Elias erneut zu Ahab. Sobald der König ihn erblickte, warf er ihm zornig vor, an dieser Dürre schuld zu sein. »Nein«, entgegnete der Prophet, »die Schuld liegt bei dir, da du den Herrn verlassen hast, um dem Gott Baal zu dienen. Jetzt werden wir aber sehen, wer der wahre Gott ist. Befehle, daß alle Propheten des Baal sich auf dem Berg Karmel versammeln sollen.« So wurden alle Propheten zusammengerufen, und Elias sprach: »Bringt nun zwei

Die Reinkarnation

Stiere herbei. Wir wollen zwei Altare errichten, einen für Baal und einen für den Herrn. Die Propheten sollen Baal anrufen, und ich werde den Herrn anrufen. Der Gott, der durch das Feuer antwortet, ist der wahre Gott.«

Die Propheten machten den Anfang; vom Morgen bis zum Mittag riefen sie ihren Gott an: »Baal... Baal... Baal... gib uns Antwort...« Aber es kam keine Antwort, und Elias spottete: »Ruft ein wenig lauter, damit er euch hört. Vielleicht ist er beschäftigt, oder er ist unterwegs, oder aber er schläft.« Die Propheten riefen noch lauter, und da sie auch Magie praktizierten, machten sie sich Einschnitte am Körper, weil sie hofften, durch das ausfließende Blut Larven und Elementargeister anzuziehen, die dann Feuer an den Altar bringen sollten. Aber es geschah nichts. Darauf sprach Elias: »Das ist nun genug; man bringe mir zwölf Steine.« Mit diesen Steinen baute er einen Altar, um den ein Graben gezogen wurde. Auf die Steine legte er Holz und auf das Holz den zerlegten Stier. Dann ließ er alles mit Wasser übergießen und füllte auch den Graben damit. Nun war alles bereit, und Elias rief den Herrn an: »Herr, Gott Abrahams, Isaaks und Israels, laß heute kundwerden, daß Du Gott in Israel bist, daß ich Dein Diener bin und daß ich alles nach Deinem Wort getan habe!« Und das Feuer fiel mit solcher Gewalt vom Himmel, daß es alles verzehrte. Es blieb weder etwas

Opfertier übrig, noch vom Holz, von den Steinen oder vom Wasser. Das entsetzte Volk erkannte, daß der wahre Gott der Gott von Elias war. Darauf ließ Elias, den der Sieg wohl etwas zu stolz gemacht hatte, die vierhundertfünfzig Propheten des Baal zu einem Bach hinführen, wo er ihnen den Kopf abschlug.

Darum war damit zu rechnen, daß auch er einmal enthauptet würde. Denn es gibt ein Gesetz, das Jesus im Garten Gethsemane ausgesprochen hat, als Petrus sich auf den Diener des Kaiphas stürzte und ihm ein Ohr abschlug: »Petrus, stecke dein Schwert in die Scheide, denn wer zum Schwert greift, wird durch das Schwert umkommen.« Allerdings kann man in einem einzigen Leben nicht immer die Wahrheit dieser Worte erkennen. Denn gerade Elias, wie ist er gestorben? Nicht nur, daß er nicht umgebracht wurde, ihm wurde auch noch ein feuriger Wagen geschickt, mit dem er in den Himmel fuhr. Jedoch erhielt er die Strafe für seine Verfehlung, als er in der Person Johannes des Täufers wieder auf die Erde kam. Jesus wußte, wer er war und welches Schicksal ihn erwartete. Darum tat er nichts, um ihn zu retten, obwohl er über ihn Großartiges gesagt hatte: »Unter allen, die vom Weibe geboren sind, gibt es keinen, der größer ist als Johannes der Täufer.« Er hat nichts unternommen, weil die Gerechtigkeit ihren Lauf nehmen mußte. Nun wird es klar, warum er das Land ver-

Die Reinkarnation 161

ließ, als er von seiner Gefangennahme erfuhr. Er durfte ihn nicht retten. Gesetz ist Gesetz.

Aber schauen wir weiter. Ich werde euch nun zeigen, daß nichts, weder in der Religion noch im sonstigen Leben, ohne die Reinkarnation einen Sinn bekommt. Geht einmal hin zu Priestern und Pastoren und verlangt folgendes: »Erklären Sie mir, warum der eine Mensch reich, schön, intelligent und stark ist, warum ihm alles gelingt, was er unternimmt, und warum ein anderer krank, häßlich, arm, heruntergekommen und dumm ist.« Sie werden euch antworten, das sei so der Wille Gottes. Bisweilen werden sie euch auch von Vorsehung und von Gnade etwas erzählen; aber das wird euch keine bessere Erklärung geben. Auf jeden Fall ist es der Wille Gottes.

Analysieren wir also diese Antwort. Da Gott uns ein wenig Hirnsubstanz mitgegeben hat, lassen wir sie nicht einrosten! Demnach hat Gott also Launen; Er macht, was Ihm gerade einfällt; Er gibt den einen alles und den anderen nichts? Gut, ich verstehe, Er ist Gott, es ist so Sein Wille. Das ist großartig, ich beuge mich. Aber dann finde ich es doch unverständlich, wenn Er nachher unzufrieden, zornig und gekränkt ist, wenn diejenigen, denen Er nichts Gutes gegeben hat, Verfehlungen begehen, böse, ungläubig und kriminell sind. Da es Gott ist, der den Menschen diese Mentalität, diesen Mangel an Intelligenz oder an Herzlichkeit mitgegeben hat, warum bestraft Er sie dann? Er, der Allmächtige, konnte Er sie nicht zu gutherzigen, ehrlichen, klugen, weisen, frommen, ja, einfach zu großartigen Menschen machen? Nun ist es nicht nur Seine Schuld, wenn sie Verbrechen begehen, nein, Er bestraft sie auch noch dafür! Also, da stimmt irgendwas nicht mehr. Er besitzt alle Macht, Er tut, was Er will, meinetwegen, deswegen kann man Ihm keinen Vorwurf machen. Aber warum handelt Er dann nicht konsequenter, logischer und gerechter? Dann sollte Er doch die Menschen zumindest in Ruhe lassen. Aber nein, Er wirft sie für alle Ewigkeit in die Hölle!

Und auch da, meine ich, paßt etwas nicht zusammen. Ich würde sagen: »Wie lange haben sie gesündigt? Dreißig Jahre, vierzig Jahre? Gut, dann sollen sie auch vierzig Jahre in der Hölle bleiben, und nicht länger. Aber für alle Ewigkeit?!...« Also wirklich, da mache ich nicht mehr mit, damit bin ich nicht einverstanden. Überlegt doch einmal. Aber die Leute wagen es nicht, zu überlegen, so sehr sind sie umwölkt von dem, was ihnen beigebracht wurde. Es scheint ja bald so, als sei es ein Verbrechen, zu überlegen; und wofür ist dann die Intelligenz gut? Wenn Gott sie uns schon gegeben hat, was sollen wir dann damit anfangen?

Wenn man hingegen die Reinkarnation akzeptiert, wenn man sich mit dieser Anschauung näher

Die Reinkarnation

befaßt und sie versteht, dann ändert sich alles. Gott ist wirklich der größte, edelste und gerechteste Herr des Universums, und wir begreifen, daß es unser Fehler ist, falls wir arm, dumm und unglücklich sind, weil wir es nicht verstanden haben, alles, was Er uns ursprünglich mitgegeben hat, gut zu nutzen. Wir wollten kostspielige Erfahrungen machen. Und da Er, der Herr, großmütig und tolerant ist, hat Er uns gewähren lassen und sich gesagt: »Nun gut, sie werden leiden und sich den Kopf einrennen, aber das macht nichts. Ich werde ihnen weiterhin meine Schätze und meine Liebe schenken... und sie haben ja noch viele Inkarnationen vor sich.« Also hat Er uns die Freiheit gelassen; und wenn uns Übles widerfährt, so ist es unsere eigene Schuld.* Warum hat die Kirche alle Verantwortung für unser Schicksal auf den Herrn abgewälzt? Nun werdet ihr sagen: »Aber das hat sie doch gar nicht gemacht. Sie hat doch nur den Glauben an die Reinkarnation abgeschafft.« Wenn man darüber nachdenkt, läuft das aber doch eigentlich auf das gleiche hinaus.

Bis ins vierte Jahrhundert hinein glaubten die Christen an die Reinkarnation, so wie die Juden, die Ägypter, die Hindus, die Tibeter usw. Aber wahrscheinlich haben sich die Kirchenväter ge-

---

* Siehe den Vortrag *Le retour de l'enfant prodigue* aus Band 3 der Reihe Gesamtwerke (z. Zt. noch nicht ins Deutsche übersetzt).

sagt, daß dieser Glaube die Dinge nur in die Länge ziehen würde, denn damit hätten die Leute es wohl nicht eilig, sich zu bessern. Und indem sie nun den Glauben an die Reinkarnation abschafften, wollten sie die Menschen antreiben, die Vollkommenheit in einem einzigen Leben anzustreben. Im übrigen hat sich die Kirche dann nach und nach derart schreckliche Dinge einfallen lassen, um die Menschen einzuschüchtern, daß man im Mittelalter nur noch an den Teufel, die Hölle und die ewige Verdammnis glaubte. Die Kirche hat also den Glauben an die Reinkarnation abgeschafft, weil sie meinte, sie könnte die Menschen auf diese Weise dazu bewegen, sich schneller zu bessern. Aber diese haben sich keineswegs gebessert, sie sind sogar schlimmer geworden... und dazu auch noch unwissender! Darum muß man diesen Glauben nun wieder annehmen, denn sonst stimmt einfach nichts. Das Leben hat sonst keinen Sinn, der Herr ist ein Ungeheuer usw.

Die Frage der Reinkarnation ist bereits sehr ernsthaft untersucht worden. Darum brauche ich mich hier nicht eingehender damit zu befassen. Es gibt genügend Bücher zu diesem Thema; man denke nur an die Art und Weise, wie die Tibeter den Dalai Lama herausfinden. Ich will euch nur noch von einem besonderen Fall erzählen, den ich in Bulgarien erlebt habe.

Die Reinkarnation 165

In der Bruderschaft in Sofia war ein Elternpaar eines Tages sehr bestürzt, weil ihr Kind so unverständliche Dinge redete. Sie erzählten, daß sie es einmal auf einem Spaziergang zu einem Ort mitgenommen hatten, den es zuvor noch nie gesehen hatte. Und dort rief es aus: »Oh, ich kenne diesen Ort; ich bin schon einmal hierhergekommen.« Es konnte sogar die Umgebung beschreiben, und alles stimmte überein. Dabei war es doch ein Ort, wo es noch nie hingekommen war. (Die Eltern wußten allerdings, daß ihr erstes Kind hier hingegangen war). »Erinnert ihr euch nicht? Auf dem Schulweg habe ich mich hier versteckt... und dort drüben im Fluß bin ich ertrunken.« Das war tatsächlich der Ort, an dem ihr erstes Kind ertrunken war, aber dieses wußte nichts davon; niemand hatte ihm jemals etwas darüber gesagt. Dies war also ihr erstes Kind, das sich wieder in der gleichen Familie inkarniert hatte. So etwas ist sehr selten, aber es kann vorkommen. Bis zu ihrem siebten Lebensjahr kann man Kinder über solche Dinge befragen; sie erinnern sich an vieles. Anstatt ihnen jedoch zuzuhören, gibt es Mütter, die ihnen einen Klaps geben und sagen: »Du erzählst Unfug, sei still.« Das machen sie einmal, zweimal, dreimal... und auf die Dauer wagen es die Kinder nicht mehr, noch etwas zu erzählen.

Ich habe euch nun gezeigt, daß bestimmte Passagen der Evangelien, obwohl das Wort *Rein-*

karnation darin nicht geschrieben steht, doch deutlich machen, daß der Glaube an die Reinkarnation zur Überlieferung gehörte. Dazu kann ich euch ein weiteres Beispiel nennen. In einem Abschnitt sagt Jesus: »Ihr sollt vollkommen sein, gleichwie der Vater im Himmel vollkommen ist.« Was soll man von diesem Satz halten? Entweder sagt Jesus das ganz unüberlegt, wenn er von so unvollkommenen Menschen verlangt, sie sollen in einigen Jahren die Vollkommenheit des himmlischen Vaters erlangen, oder aber er ist sich über Seine Größe überhaupt nicht im klaren und bildet sich ein, daß es ganz einfach sei, so zu werden wie Er. In beiden Fällen spricht das nicht für Jesus. In Wirklichkeit schließt jedoch dieser Satz die Reinkarnation mit ein. Jesus meinte nicht, der Mensch könne in einem einzigen Leben vollkommen werden. Aber er wußte, daß man durch den beständigen Wunsch und ständiges Bemühen nach vielen Inkarnationen schließlich das Ziel erreichen würde.

Und was hat Moses zu Beginn der Schöpfungsgeschichte geschrieben, dort wo von der Erschaffung des Menschen die Rede ist? »Und Gott sprach: Lasset uns Menschen machen, ein Bild, das uns gleich sei, die da herrschen über die Fische im Meer und über die Vögel im Himmel und über das Vieh... Und Gott schuf den Menschen nach Seinem Bilde, zum Bilde Gottes schuf Er ihn.« Und was ist aus dieser Übereinstimmung nun ge-

Die Reinkarnation

worden? Gewiß hatte Gott die Absicht, den Menschen nach Seinem Bilde und Ihm gleich zu erschaffen, also ebenso vollkommen wie Er selbst es ist; aber Er hat es nicht getan. Er hat ihn lediglich nach Seinem Bild erschaffen, mit den gleichen Anlagen, ohne ihm jedoch die Fähigkeiten voll entwickelt zu geben, also ohne die völlige Übereinstimmung.

Schaut euch eine Eichel an. Sie ist nach dem Bild ihres Vaters, der Eiche, geschaffen; das heißt, sie birgt die gleichen Anlagen in sich. Jedoch gleicht sie der Eiche nicht; sie ist noch nicht genau wie diese, sondern sie wird erst so, wenn sie in den Boden gesteckt wird. Der Mensch ist nach dem Bilde Gottes geschaffen; das heißt, er besitzt Weisheit, Liebe und Kraft, jedoch in welch geringem Maß im Vergleich zur Weisheit, Liebe und Kraft des Schöpfers! Wenn er sich dann aber entwickelt, wird er mit der Zeit Ihm immer ähnlicher, bis er Ihm dann eines Tages gleicht; dann wird er Seine Tugenden voll entwickelt besitzen. Ihr seht also, daß die Entwicklung vom Abbild bis hin zur völligen Übereinstimmung den Gedanken der Reinkarnation miteinschließt. Gott sprach: »Lasset uns Menschen machen, ein Bild, das uns gleich sei«, aber Er hat es nicht völlig getan. »Und Gott schuf den Menschen zu Seinem Bilde, zum Bilde Gottes schuf Er ihn.« Darin, daß im nachfolgenden Satz der Teil »...das uns gleich sei« weggelassen ist, während das Wort *Bild* wiederholt wird, hat Moses den Gedanken der Reinkarnation versteckt.

Aber die Leute verstehen es nicht, die Bücher zu lesen... und noch viel weniger das große Buch der lebendigen Natur, in welches ebenso die Reinkarnation eingeschrieben ist. Nehmen wir einmal das Bild eines Baumes. Allein die Kabbalisten haben das Bild des Baumes wirklich verstanden; und sie haben daraus ein Symbol für das Universum gemacht. Alle Geschöpfe finden irgendwo in diesem Baum ihren Platz, sei es als Wurzeln, Rinde, Blätter, Blüten oder Früchte. Nach ihrem sehr tiefen Wissen hat alles, was lebt, auch alle Tätigkeiten und alle Regionen, seinen Platz im Baum des Lebens. In den verschiedenen Jahreszeiten fallen die Blätter, die Blüten und die Früchte vom Baum. Diese zersetzen sich, sie werden zu Dünger und werden dann über die Wurzeln wieder aufgenommen. Das gleiche gilt für alle Lebewesen. Wenn ein Mensch stirbt, wird er über die Wurzeln des kosmischen Baumes wieder in diesen aufgenommen. Bald erscheint er jedoch wieder in neuer Gestalt, als Zweig, Blüte oder Blatt... Nichts geht verloren; unaufhörlich verschwinden die Wesen und erscheinen von neuem auf diesem großartigen Baum, dem Baum des Lebens.

Ihr seht, das Prinzip der Reinkarnation trifft man überall an. Wo denn noch? Im Wasserkreis-

Die Reinkarnation 169

lauf der Natur. Das Wasser der Meere verdampft und steigt in die Luft. Dann fällt es woanders als Schnee oder Regen wieder herab und kehrt schließlich zum Meer zurück. Der Wassertropfen verschwindet nicht einfach; er unternimmt eine große Reise, um die Welt zu erforschen. Zuerst steigt er gen Himmel, fällt wieder herab auf die Berge, fließt in die Täler, sickert bis in tiefliegende Erdschichten hinab und nimmt dabei die verschiedensten Färbungen an, gelb, rot oder grün... Das Wasser steigt also auf und kommt dann wieder herab; auch daran läßt sich das Gesetz der Reinkarnation ablesen. So wie der Wassertropfen unternimmt jedes geistige Wesen eine Reise, um dadurch Erfahrungen zu sammeln und der Vollkommenheit zuzustreben.

Wollt ihr ein weiteres Argument hören? Nun, gut. Wenn ihr abends schlafen geht, legt ihr eure Kleider ab. Ein Kleidungsstück nach dem anderen zieht ihr aus: Jacke, Hemd, Unterhemd... Das Schlafengehen am Abend ist ein Symbol für den Tod. Die Kleidung, die ihr ablegt, stellt die verschiedenen Körper dar, von denen ihr euch nach und nach befreien müßt, zuerst einmal vom physischen Körper, dann, einige Zeit darauf, nach vielleicht ein oder zwei Wochen vom Ätherkörper. Danach kommt der Astralkörper; das dauert sehr viel länger, denn auf der Astralebene befinden sich die Leidenschaften, die Begierden und die niederen Empfindungen. Genau das ist die Hölle, die Astralebene und die niedere Mentalebene, wo man einige Zeit zubringen muß, um sich zu läutern... Danach befreit ihr euch vom Mentalkörper, und dort beginnt das Paradies mit dem ersten, zweiten, dritten Himmel usw. Der Überlieferung zufolge gibt es sieben. Erst wenn man alles völlig abgelegt hat, betritt man ganz nackt den siebten Himmel, *völlig nackt,* das heißt geläutert, ohne Dinge, die einem noch anhaften.

Der Morgen entspricht der Rückkehr des Menschen auf die Erde, der Geburt des Kindes. Man zieht sich wieder an: Unterhemd, Hemd usw. Wenn das Kind auf die Erde kommt, umhüllt es sich zuerst mit den feinstofflichen Körpern, dem Atman-, Buddha- und Kausalkörper, dann mit dem Mental-, Astral- und Ätherkörper und schließlich schlüpft es in den physischen Körper. Ihr seht, jeden Abend zieht man sich aus, und jeden Morgen kleidet man sich wieder an. Das geht jahrein, jahraus immer weiter so, und doch wurde weder über diese Handgriffe nachgedacht noch erkannt, daß sie dem Prozeß der Einverleibung und dem Verlassen des Körpers, also Geburt und Tod entsprechen. Verstände man es hingegen, die alltäglichen Handlungen, all die Handgriffe, Tätigkeiten und Verhaltensweisen zu deuten, ebenso wie den Verdauungsvorgang, die Atmung usw., dann würde man enorme Entdeckungen machen. Denn alle Geheimnisse des Universums spiegeln sich in unseren Gesten, Worten und Alltagshandlungen wider. Um sie allerdings richtig auszulegen, muß man an einer Einweihungsschule unterrichtet worden sein.

Bevor so manch einer an die Reinkarnation glaubt, wartet er ab, bis die Kirche diese offiziell anerkennt. Aber wann wird sie das tun? Schon oft hatte ich Gelegenheit, mit Vertretern der Kirche zu sprechen. Und ich habe festgestellt, daß viele von ihnen an die Reinkarnationslehre glauben. Nur wagen sie nicht darüber zu sprechen, aus Angst vor Schwierigkeiten. Ich sage euch auf jeden Fall, solange ihr die Reinkarnationslehre nicht akzeptiert, werdet ihr niemals Klarheit bekommen über eure Situation und über die Geschehnisse in eurem Leben (warum man euch verfolgt und schlecht behandelt oder warum ihr immer wieder Hilfe und Unterstützung findet), noch darüber, wie ihr euch auf das nächste Leben vorbereiten müßt. Und wenn man die Wahrheit nicht kennt, welchen Weg soll man dann nehmen?...

II

Manch einer, der die Lebensgeschichten zahlreicher Heiligen, Propheten und Eingeweihten liest, sagt sich: »Sie haben gelitten, sie sind den Märtyrertod gestorben; wie kann das angehen? So ein Schicksal hatten sie doch nicht verdient.« Doch, das hatten sie; und der Grund dafür läßt sich in einem früheren Leben finden. Denn selbst wenn es einem gelingt, die göttliche Ordnung in sich wiederherzustellen, so heißt das nicht, daß damit auch schon alle Schuld beglichen und die Vergangenheit bereinigt ist. Nein, die Vergangenheit ist noch da und läßt noch nicht zu, daß man völlig frei sein Tätigkeitsfeld wählt. Man muß seine Schulden auf Heller und Pfennig begleichen.

Schaut doch nur, wie es den Jüngern Jesu ergangen ist. Sie waren um ihn, folgten seiner göttlichen Lehre, lebten im Licht und taten nichts Unrechtes... und weshalb wurden sie dann umgebracht oder den Raubtieren vorgeworfen? Warum hat Jesus ihnen nicht geholfen? Der Grund liegt darin, daß ihre Schuld aus der Vergangenheit noch nicht gesühnt war. In früheren Inkarnationen hatten sie manche Fehler begangen, die sie nicht wiedergutgemacht hatten, bevor sie ins Jenseits hinübergegangen waren. Aus diesem Grund heißt es auch (die Menschen haben den Sinn dieser Ratschläge allerdings nicht verstanden): »Laß die Sonne nicht über deinem Zorn untergehen«, oder auch, »Gehe hin und versöhne dich mit deinem Bruder, bevor die Sonne untergeht.« Nimmt man diese Aussagen wörtlich, dann ist die Frist sehr kurz... besonders im Winter, wenn es früh dunkel wird! In Wirklichkeit geht es hierbei jedoch nicht um den Sonnenuntergang auf der physischen Ebene. In der Symbolsprache der Eingeweihten steht der Sonnenuntergang für den Tod des Menschen, für das Hinübergehen in die andere Welt. Er bekommt also eine ausreichend lange Frist von etlichen Jahren. Wenn diese Zeit aber einmal abgelaufen ist, und wenn er nicht daran gedacht oder es nicht verstanden hat, seine Schuld zu bereinigen, dann tritt das Karmagesetz in Kraft, sobald die Sonne untergegangen ist. Alles wird aufgezeichnet, denn alles hinterläßt Spuren, die sich verhärten und auf den Urheber hinweisen. Eines Tages muß man dann die Schuld sühnen und es ist unmöglich, sich nun noch *gütlich zu einigen*, wie es so schön heißt. Auf Heller und Pfennig muß man jetzt für alles bezahlen.

Auch euch, die ihr doch in einer spirituellen Schule und im Licht seid, kann gelegentlich ein Unfall oder ein Unglück widerfahren. Nur weil man sich in einer Einweihungsschule befindet, ist man nicht gleich vor allem geschützt. Damit euch nichts Übles mehr zustößt, müßt ihr schon jegliche Schuld aus der Vergangenheit bereinigt haben. Schleppt ihr diese aber noch mit euch herum, so müßt ihr dafür sühnen, ob ihr nun der Lehre folgt oder nicht, oder ob ihr euch nun im Licht befindet oder nicht, da ist nichts zu machen. Ihr seht, nun werden die Dinge klarer. Zwar befindet ihr euch in einer göttlichen Schule, ihr lebt im Licht und tut von nun an nur noch Gutes, jedoch müßt ihr auch wissen, daß dieses Gute erst in der Zukunft Ergebnisse bringt und nicht gleich im Augenblick. Wenn ihr also Schweres durchlebt, so müßt ihr dies akzeptieren und sagen: »Herr und Gott, das kann die gute Arbeit, die ich vollbracht habe, nicht zerstören. Es ist um so besser, wenn ich noch durch Schwierigkeiten hindurchgehen muß; denn das bedeutet ja, daß ich frei werde, und das ist sehr gut. Nun weiß ich, warum mir das zustößt. Ich werde mich nicht mehr dagegen auflehnen und auch nicht mehr verlangen, daß mir das erspart bleibt.«

Nun werdet ihr wohl fragen: »Ja, hatte denn auch Jesus noch ein Karma abzutragen, da er doch gekreuzigt wurde?« Nein, bei ihm liegen die Dinge ganz anders. Damit kommen wir zur grund-

Die Reinkarnation 175

legenden Frage des Opfers. Denn es gibt Menschen, die es auf sich nehmen, ihr Leben hinzugeben und großes Leid durchzumachen, obgleich sie nichts abzubüßen haben. Aber das sind Ausnahmen. Wenn man sich in diesem Punkt zum Thema der Wiedergeburt nicht genau auskennt, läuft man Gefahr, falsche Dinge darüber zu sagen.

Vom Standpunkt der Reinkarnation aus betrachtet, kann man die Menschen in vier Kategorien einteilen. Die erste Gruppe setzt sich aus denen zusammen, die sich durch ihren Mangel an Licht, Wissen, Gewissensskrupel und Sittlichkeit oftmals zu verbrecherischen Handlungen verleiten lassen. Sie übertreten folglich die Gesetze, beladen sich mit schwerer Schuld, und wenn sie sich dann erneut inkarnieren, geraten sie auf der Erde in Lebensumstände, unter denen sie leiden, damit sie so sühnen und wiedergutmachen können. Darum führen sie kein besonders glückliches Leben.

Die zweite Gruppe umfaßt schon etwas weiter entwickelte Menschen, die sich um gute Eigenschaften und Tugenden bemühen, über die sie sich befreien können. Allerdings gelingt es ihnen nicht, durch die Arbeit einer einzigen Inkarnation alles wieder in Ordnung zu bringen. Darum müssen sie wiederkommen und ihre Arbeit vollenden. Dabei finden sie dann bessere Bedingungen vor, die es ihnen ermöglichen, nützlicheren und höherstehenden Tätigkeiten nachzugehen. Aber sie müssen auf jeden Fall wiederkommen, um alle Schuld der Vergangenheit zu bereinigen, bis sie völlig frei geworden sind.

In der dritten Kategorie findet man noch höher entwickelte Menschen, die nur auf die Erde zurückgekehrt sind, um bestimmte Aufgaben zu vollenden. Sie müssen nur Weniges in Ordnung bringen und zeichnen sich im Leben durch große Tugendhaftigkeit und ein sehr weites Bewußtsein aus; und sie verwenden ihre Zeit darauf, Gutes zu tun. Wenn solche Menschen die Erde wieder verlassen, haben sie ihren Auftrag vollendet und müssen dann nicht mehr zurückkehren.

Anstatt nun aber im Zustand unendlicher Seligkeit, ewigen Glücks und unermeßlicher Freiheit zu verbleiben, dessen sie sich in der Nähe des Herrn ja sicher sind, verlassen einige von ihnen aus Erbarmen und Mitleid für die Menschen diesen wunderbaren Zustand. Sie steigen freiwillig zu den Menschen herab, um ihnen zu helfen und nehmen es sogar auf sich, getötet zu werden. Einige von ihnen, die eine zuvor begonnene Arbeit beenden wollen, können auch, ohne sich wieder zu inkarnieren, in einen hochentwickelten Menschen hineinkommen und durch ihn hindurch wirken. Jesus hatte diese Möglichkeit übrigens erwähnt als er sagte: »Wer die Gebote hält, zu dem werden mein Vater und ich kommen und in ihm Wohnung nehmen.« Solche Geistwesen müssen sich also nicht mehr inkarnieren. Ohne einen eigenen physischen Körper anzunehmen, können sie in einen lebenden Menschen hineinkommen und sogar alle Stadien mit ihm durchmachen, von der Zeit im Mutterleib über die Kindheit, die Jugend bis hin zur Reife, um mit ihm und in ihm zu wirken.

Viele Menschen wollen frei werden, jedoch verstehen sie die Sache falsch. Sie tun alles, um sich ihren Verpflichtungen zu entziehen, um sich vor ihren Pflichten zu drücken, um alle Verbindungen abzubrechen, und damit halten sie sich für frei. Aber auf diese Art und Weise kann man sich nicht befreien. Die wahre Befreiung beginnt mit der Begleichung aller Schulden, die man hat. Wie viele Leute wollen sich von ihrer Frau oder ihrem Mann, ihren Kindern, ihrem Chef oder von der Gesellschaft befreien oder sogar von ihrem Leben, indem sie sich umbringen! Aber eine Befreiung ist nicht möglich, liebe Brüder und Schwestern, solange ihr nicht eure Schulden beglichen und euer gesamtes Karma abgetragen habt.

Man soll die Befreiung anstreben, gewiß, aber nach den göttlichen Regeln; und nur selten begegnet man Menschen, die das zu tun verstehen. Selbst hier in der Bruderschaft sehen nicht alle die Sache auf diese Weise; denn sie wollen um jeden Preis unabhängig sein und entziehen sich dabei ihrer Pflichten. Das ist genau so, als wollten sie in einem Restaurant fortgehen, ohne zu bezahlen, nachdem sie gut gespeist haben, . Das ist unehrlich, es zeigt einen Mangel an edler Gesinnung. Und die Lichtgeister im Jenseits tolerieren eine solche Haltung nicht. Oft bildet man sich ein, man habe sich befreit, weil man seinen früheren Chef oder seine frühere Frau verlassen hat. Aber dann zeigt sich neuer Ärger, neue Fallstricke warten auf einen, um aufzuzeigen, daß man sich getäuscht hat. Man nennt das auch, vom Regen in die Traufe geraten.

Der beste Weg und die beste Methode, um sich zu befreien, ist die Liebe. Und am wenigsten geeignet sind Egoismus, Geiz, List und Berechnung. Durch Großmut, Opferbereitschaft, Güte und mit jeder Geste, bei der man geben möchte, arbeitet man immer an seiner Befreiung. Darum gebt, anstatt euch an euren Besitz zu klammern, zaghaft zu sein und Berechnungen anzustellen! Schaut doch nur, wie die Menschen bei einer Trennung oder einer Scheidung vorgehen, mit welcher Verbissenheit sie ihre Interessen verteidigen! Ja, aber sie wissen nicht, daß sie auf Grund dieser Haltung sich in späteren Inkarnationen wieder begegnen und erneut lernen müssen, sich zu ertragen.

Liebe, Großmut, Güte, Milde und Barmherzigkeit bringen den Schüler auf den Weg der Befreiung. Gewiß, wenn ihr von Güte und Opferbereit-

Die Reinkarnation

schaft zum Durchschnittsmenschen sprecht, dann hält er euch für den größten Dummkopf, da er nicht darüber aufgeklärt ist und den Wert des Großmuts nicht kennt. Ein Eingeweihter hingegen weiß, daß es wahrlich der Mühe wert ist, zu geben, zu helfen und großzügig und großmütig zu sein, denn dadurch wird man frei. Gebt also, gebt sogar mehr als es rechtens wäre, denn dadurch werdet ihr um so schneller frei.

III

Mit den Nationen, Ländern und Völkern verhält es sich ebenso wie mit jedem Menschen oder jedem Ding, das entsteht, wächst, dann altert und schließlich seinen Platz anderen überlassen muß; sie geben, was sie zu geben haben, und dann verschwinden sie wieder. Man könnte meinen, daß sie ruhen, um eines Tages wieder zu erwachen und erneut Fülle und Schätze zu geben. Allen Kulturen ist es so ergangen, und dies ist sogar das Schicksal der Religionen. Jede beginnt einmal und lebt auf, vergrößert mehr und mehr ihren Einfluß, erreicht ihren Höhepunkt, um dann zu erstarren und zu verknöchern, womit sie auch die großen Schlüssel des Lebens wieder verliert. Selbst die Mysterienkulte, selbst die Tempel des alten Ägypten, die diese Schlüssel, das Wissen und das entsprechende Können besaßen, was ist davon übriggeblieben? All die Priester und Lehrer der Mysterien, wo sind sie hin? Wo ist all das Wissen geblieben? Alle haben

Die Reinkarnation

den unumstößlichen Gesetzen des Lebens gehorcht. Jedes Ding und jedes Wesen, das entsteht, muß einmal vergehen und seinen Platz anderen überlassen. Nur was keinen Anfang hat, hat auch kein Ende.

Schaut nur, was Griechenland in der Vergangenheit darstellte. All die außergewöhnlichen Menschen, die es der Welt geschenkt hat, die Poeten, Dramaturgen, Maler, Bildhauer, Architekten und Philosophen. Und heute...? Ein Land kann man mit einem Fluß vergleichen; das Flußbett ist immer dasselbe, aber das Wasser, das darin fließt, ist immer ein anderes, ein neues. Die *Bewohner* des Flusses, die Wassertropfen, kommen, ziehen vorbei, und während andere nachkommen und ihren Platz einnehmen, fließen sie weiter zum Meer. Dort angekommen werden sie von der Sonne erwärmt, sie verdunsten, werden ganz leicht und fein und steigen in die Atmosphäre hinauf bis zu dem Tag, an dem sie als Regen oder Schnee wieder herabfallen, um von neuem in Sturzbächen und Flüssen in die Täler hinabzuströmen. Dies ist ein immerwährender Zyklus.

Und was ist ein Land? Das ist nichts anderes als ein Fluß, wo sich in unaufhörlicher Folge immer wieder andere Menschen inkarnieren, die aus anderen Gegenden kommen. Oder es ist auch wie ein Haus, dessen Bestimmung es ist, zum Beispiel ein Jahrzehnt von bestimmten Mietern bewohnt zu werden und dann fünf Jahre lang von anderen Menschen. Zehn Jahre lang gibt es Musik, Gesang und Harmonie, dann wechseln die Mieter, und es herrscht eine andere, prosaische oder erregte Atmosphäre. Und doch ist das Haus immer dasselbe. Auf diese Weise erklärt sich das Schicksal vieler Länder. Griechenland ist immer noch dasselbe Land, jedoch sind die Bewohner nicht mehr dieselben wie vor dreitausend Jahren. Das gleiche gilt ebenso für andere Länder.

Nun werdet ihr vielleicht sagen: »Ja, aber wie kommt es dann, daß zum Beispiel die Tibeter über Tausende von Jahren die gleichen Anschauungen, Vorstellungen und Bräuche bewahrt haben?« Schaut dafür den menschlichen Organismus an; die Zellen, die in ihm sind, erneuern sich; es sind nicht mehr dieselben, aber sie tun die gleiche Arbeit. Und wenn die Belegschaft einer Fabrik ausgewechselt wird, werden etliche Leute entlassen und andere eingestellt, die dann jeweils an einem bestimmten Computer, an einem optischen Gerät oder an einem elektrischen Schaltkreis arbeiten. Und das neue Personal, das an die Stelle des alten tritt, hat schon die gleichen Kenntnisse und ist schon darin geübt, dieselben Arbeiten auszuführen, um die gleiche Funktion ausüben zu können. Ebenso besitzen die Seelen, die sich in Tibet inkarnieren, eine Wesensverwandtschaft mit den Tibetern und sind bereit, dorthin zu gehen. Und die

Die Reinkarnation 183

Tibeter, die darauf vorbereitet sind, wie die Franzosen zu sein, kommen nach Frankreich, um sich dort zu inkarnieren. Darum gibt es viele ehemalige Tibeter in Frankreich, auch unter den Kindern der Bruderschaft.

Nun mögt ihr fragen: »Und was ist mit den Juden, die jahrhundertelang immer wieder verfolgt wurden?« Die Juden, die ein Martyrium durchgemacht haben, waren Seelen, die aus den Völkern der ganzen Welt gekommen waren und sich in jüdischen Familien inkarniert hatten, denn entsprechend ihrer karmischen Belastung mußten sie verfolgt oder umgebracht werden. Aber sie waren keine Juden seit ewigen Zeiten. Zu einem bestimmten Zeitpunkt ihrer Entwicklung hat der Himmel bestimmt, daß sie in jüdischen Familien geboren wurden, um dort eine bestimmte Schuld zu sühnen. Und die heutigen Griechen sind ebenso Seelen, die von woanders hergekommen sind, um sich dort zu inkarnieren. Möglicherweise sind sie aus Bulgarien, denn zwischen beiden Ländern hat lange Zeit Haß geherrscht. Und viele Griechen haben sich in Bulgarien inkarniert, um dort belohnt oder bestraft zu werden; das kann man so ohne weiteres nicht sagen. Denn viele Menschen inkarnieren sich bei ihren früheren Feinden.

Ob ihr jemanden haßt oder ob ihr ihn liebt, eines ist gleich: ihr knüpft Bande mit ihm. Der Haß ist ebenso mächtig wie die Liebe. Wenn ihr von jemandem frei werden und ihn niemals wiedersehen wollt, dann hegt ihm gegenüber keine Abscheu und liebt ihn auch nicht, sondern seid gleichmütig. Wenn ihr ihn verabscheut, bindet ihr euch mit Ketten an ihn, die niemand mehr lösen kann. Jahrhundertelang werdet ihr um ihn sein und mit ihm zu tun haben. Ja, darüber wißt ihr nicht Bescheid. Die Leute meinen, der Haß würde die Bande zerreißen. Aber ganz im Gegenteil ist der Haß eine Kraft, die euch an den verhaßten Menschen bindet – ebenso wie die Liebe. Natürlich sind die so geschaffenen Bande unterschiedlicher Natur. Die Liebe bringt bestimmte Ereignisse für euch mit sich, und der Haß bringt andere mit sich; jedoch geschieht es ebenso sicher und mit gleicher Kraft wie bei der Liebe. Das sind Wahrheiten, die alle Völker einsehen müssen. Dann werden sie erkennen, wie lächerlich es ist, sich gegenseitig zu hassen.

Nun wundert euch nicht und nehmt es mir nicht übel, wenn ich euch sage, daß Frankreich seine Genies allmählich verlieren wird, die es heute noch besitzt. Seine Künstler, Schriftsteller und Poeten haben der ganzen Welt außergewöhnlich große Schätze geschenkt. Wenn sich das Land jedoch weiterhin vom Himmel abwendet, von wo ja all dieser Reichtum herkommt, werden sich alle Genies woanders inkarnieren. Denn die großen

Die Reinkarnation 185

Geister legen keinen Wert auf diese oder jene Nationalität; sie sind Bürger des Universums. Die Völker rühmen sich wohl, daß sie aus ihnen hervorgegangen sind. Fragt ihr sie jedoch nach ihrer Meinung, dann antworten sie: »Wir fühlen uns überall im Universum wohl; unsere Heimat ist das ganze Universum.« Wenn man im übrigen in der jenseitigen Welt anlangt, haben Fragen der Nationalität keine Bedeutung mehr. Hättet ihr nur sehen können, wie die französischen und deutschen Soldaten, die während des letzten Krieges getötet wurden, sich dort oben zusammenfanden! Sie lachten zusammen, stießen miteinander an und fanden sich so dumm, weil sie sich gegenseitig umgebracht hatten, obwohl sie doch alle Kinder Gottes sind!

Für die unsichtbare Welt ist es so leicht, ein Land zu Fall zu bringen und ein anderes dafür an die erste Stelle zu setzen! Warum tut sie das?... Nun, das ist ihre Sache. Schaut euch zum Beispiel an, was Bulgarien vor einigen Jahrhunderten war. Es war überhaupt nichts, ein armes, elendes, getretenes Land. Weder Denker, Künstler noch Wissenschaftler brachte es hervor. Und nun ändert sich das allmählich, denn weder die Blütezeit noch der Verfall eines Landes dauern ewig an. Und China? Wie viele Jahrhunderte lang war es wie im Schlaf, rückständig, betäubt? Und nun erwacht es und läßt die ganze Welt erzittern. Wie erklärt sich das? Wer lenkt das alles? Und aus welchem Grund?

Alles wird von oben gelenkt. Es sind die himmlischen Hierarchien, die entscheiden; und für sie ist das ein leichtes. Das geht so wie bei der Entwicklungshilfe. Stellt euch ein sehr verarmtes, in allen Bereichen unterentwickeltes Land vor. Und nun schickt ihm ein anderes, fortschrittlicheres und reicheres Land eine ganze Mannschaft von Ingenieuren, Wirtschaftlern und Wissenschaftlern. Diese sind in der Lage, das Land in einigen Jahren aufzurichten. Die unsichtbare Welt macht das gleiche, sie sendet Ingenieure, Gelehrte und Künstler aus, das heißt eine ganze Mannschaft von hochstehenden Seelen. Und im Handumdrehen richten diese eine ganze Zivilisation wieder auf. Manchmal genügt ein einziger hervorragender Politiker, um ein ganzes Land in wenigen Jahren auf die Höhe zu bringen.

Es mag sein, daß sich manche von euch gekränkt fühlen und daß es ihnen nicht recht ist, wenn ich sage, daß ihr Land einschläft; aber ich kann ja nichts dafür, ich stelle das lediglich fest. Es ist keinerlei Chauvinismus dabei und keine Voreingenommenheit. Ich bin weder Bulgare noch Franzose; ich bin ein Bürger des Universums, ein Sohn der Sonne. Ja, ich gehöre nicht einmal der Erde an. Warum sollte ich mich also über Bulgarien, Griechenland oder Frankreich streiten? Ich stehe über den Gren-

Die Reinkarnation

zen. Aber ich stelle doch fest, daß die Wissenschaftler in den slawischen Ländern bei den parapsychologischen Entdeckungen, bei der Telepathie, der Psychometrie, der Hellsichtigkeit und der Radiästhesie derzeit am weitesten gegangen sind. Selbst wenn die gegenwärtige Situation allem Anschein nach keinerlei Entwicklung in dieser Richtung anzeigt, wird Rußland dennoch eines Tages die marxistische Weltanschauung aufgeben, und die Kommunisten werden Brüder der großen Universellen Weißen Bruderschaft.

Aber selbst wenn es schon einen großen Fortschritt darstellt, was die Russen derzeit auf dem Gebiet der Parapsychologie entdeckt haben, so ist es doch kaum ein Hundertstel von dem, was ich euch schon seit Jahren enthüllt habe. Eines Tages wird die Einweihungswissenschaft jedoch in der ganzen Welt verbreitet sein, aber natürlich nicht auf den höchsten Stufen, denn eine Grenze, ein verbotener Bereich wird bleiben. Die Menschen werden keinen Zugang zu den letzten Geheimnissen haben. Sie sind noch nicht bereit genug, diese schon zu empfangen; denn von Natur aus sind sie immer geneigt, alle Entdeckungen dafür einzusetzen, zu herrschen, alles auszubeuten und für sich zu vereinnahmen. Bald werden jedoch bestimmte Wahrheiten bekannt und der ganzen Welt sichtbar gemacht werden. Das wird der Beginn der Sonnenkultur sein.

IV

Lesung des Tagesgedanken:
»Das unscheinbarste Blümchen, das auf der Erde erscheint, ist mit dem ganzen Universum verbunden. Erscheint es aber zu früh, so entzieht die Natur, die mit ihm nicht in Übereinstimmung ist, ihre Unterstützung, und es stirbt.

Damit ihr auf die Erde kommen konntet, war es auch nötig, daß die gesamte Schöpfung dem zustimmte. Nun mögt ihr sagen: »Aber ich bin doch so gut wie nichts. Wie kann es angehen, daß die Natur sich um meine Geburt kümmert.« Es ist nun einmal so. Das kosmische Budget ist angeschaut worden, es wurde entschieden, daß ihr kommen durftet, und es wurde irgendwo eingeplant, wieviel ihr essen und trinken würdet. Alles ist miteinander verbunden. Alles, was irgendwo erscheint oder existiert, ist mit dem Kosmos verbunden. Nichts kann sich auf der Erde oder im Himmel ereignen ohne die Zustimmung der gesamten Schöpfung.«

Die Reinkarnation

Ich weiß, daß viele, wenn sie diesen Gedanken hören, erstaunt, ja, schockiert sind, denn die Menschen sind weit davon entfernt, die Dinge so zu betrachten. Ihrer Ansicht nach ist alles, was geschieht, eine Sache des Zufalls. Nichts ist so gewollt oder vohergesehen, keinerlei Intelligenz lenkt die Lebenserscheinungen auf der Erde; und auf Grund dieser irrigen Lebensanschauung begreifen sie nichts von den Ereignissen, die in der Welt geschehen.

Nehmt zum Beispiel einen Baum. Damit ein Baum wachsen, blühen und Früchte tragen kann, muß die gesamte Natur dabei mitwirken. Die Erde muß ihm die nötige Nahrung liefern, sonst stirbt er. Wenn es ihm an Wasser, Luft, Sonne oder Erde mangelt, manchmal auch an Pflege durch die Menschen, kann er ebensowenig leben. Der Baum braucht also die ganze Schöpfung, nur sieht man das nicht, weil das keine wahrnehmbaren Prozesse sind. Und daher glaubt man, der Baum sei einfach so, rein zufällig da. Und der Mensch? Er lebt, atmet und bewegt sich... und die ganze Schöpfung nimmt daran teil und gibt ihre Zustimmung, so daß er weiterleben kann. Würde sie ihm nur einige Stoffe verweigern, etwa Luft, Wasser, bestimmte Vitamine oder Hormone, so ist es um ihn geschehen. Von woher bekommt er diese so notwendigen Stoffe? Das ganze Universum gesteht sie ihm bereitwillig zu.

Schaut doch nur, wie die Dinge in der Welt, in einem Staat, einer Verwaltung oder einer Familie ablaufen. »Ja«, werdet ihr nun einwenden, »aber dort sind Leute, die überlegen, die das Budget berechnen und die Ausgaben festlegen, wieviel für Nahrung, Heizung, Unterhalt usw. aufzuwenden ist, die auch entscheiden, welche Einsparungen vorzunehmen sind, welche Personen zu entlassen, zu behalten oder einzustellen sind.« Und dann meint ihr, wenn es sich um die Ankunft eines Lebewesens auf der Erde handelt, niemand hätte das vorausgeplant und für gut befunden? In einer Familie, einer Stadt oder einem Staat läuft alles nach Berechnungen, Plänen und Budgets ab, und ihr meint, daß im Universum nichts vorausberechnet sei und alles rein zufällig geschehe? Also wirklich, die Unwissenheit der Menschen ist bodenlos. Aber auch droben gibt es intelligente Wesen, die berechnen, wie viele Menschen auf die Erde herabkommen und wie viele Jahre sie dort bleiben dürfen. Auch das ist ein ganzes Wirtschaftssystem!

Alle Bedürfnisse der Menschen sind eingeplant, für ihr Leben ist vorgesorgt, und sie bilden sich ein, die Dinge geschähen einfach so, rein zufällig und egal wie. Sie meinen sogar, niemand habe sich darum gekümmert, wenn es zum Beispiel darum geht, jemanden wie Jesus zu entsenden, eine günstige Zeit und den astrologisch richtigen Augenblick zu finden. Jesus wäre demnach

Die Reinkarnation 191

also einfach so, ganz zufällig gekommen, ohne daß man wissen könnte warum... Aber so ist das nicht. Sein Kommen ist durch himmlische Wesen von oben entschieden worden. Nichts ist dem Zufall überlassen. Selbst das Kommen Hitlers ist im Voraus geplant und entschieden worden, damit er so manchen einige Lektionen erteilen und auch selbst welche empfangen konnte.

Nun mögt ihr fragen: »Aber wie machen sie es denn dort oben, um so viele Dinge vorauszuplanen?« Und wenn ich euch nun sage, daß alles automatisch geht, daß sie dafür Computer haben... Denn es sind gewiß nicht die Menschen, die die Computer erfunden haben; die gibt es schon seit langer Zeit in der Natur. Die kosmische Maschinerie, die alle nötigen Informationen über die Vergangenheit eines Menschen besitzt, legt fest, daß er in einem bestimmten Land und Jahr mit einem bestimmten Körper und festgelegten Eigenschaften geboren wird. Dann gibt es Geistwesen, die mit der Überwachung der Einhaltung dieser Bestimmungen betraut sind. Alles ereignet sich genau zur festgesetzten Zeit. Wenn ein Unfall geschehen soll, überwachen sie dies, warten den Moment ab und lösen den Unfall aus, der unweigerlich eintritt. Die Leute meinen, dies sei ein Zufall. Aber nein, es war mathematisch genau festgelegt. Soll ein Kind zu einer bestimmten Zeit geboren werden, dann legt die *Elektronik* ganz genau auf dem Tierkreis das Sternzeichen, den Aszendenten und die Position der Planeten mit ihren jeweiligen Aspekten fest. Und das Kind kommt genau in diesem Moment zur Welt; sogar die Zeugung war vorhergesehen und zeitlich festgelegt. Alles in seinem Geburtshoroskop entspricht genau dem, was er in seinen früheren Leben getan hat. Ob er glücklich sein wird oder ob er leiden und Unfälle erleben muß, alles wird automatisch entschieden.

»Ja«, mögt ihr nun einwenden, »und wo bleibt dann die Freiheit?« Die Freiheit, nun, die befindet sich im Geiste. Sie ist jedesmal da, wenn der Geist sich zeigt und bestimmte Dinge verbessern, ändern oder beschleunigen will. In seiner Gesamtheit wird das Leben jedoch in Gang gesetzt wie eine Maschine, die eingeschaltet wird, wie die kleinen Spielzeugeisenbahnen für die Kinder, die auch in einem bestimmten Augenblick stehenbleiben, weil man sie nicht wieder aufgezogen hat. Der Mensch gleicht einem Apparat, den man aufzieht und der dann eine bestimmte Zeit lang lebt. Und wie eine Modelleisenbahn trifft er unweigerlich an bestimmten Wegstellen auf Tunnels oder kleine Hindernisse. Alles ist schon vorausberechnet, selbst die *zufälligen* Begegnungen. Wenn ihr einem Menschen begegnet, der euer Leben durcheinanderbringt, so war das schon seit langem vorhergesehen. Selbst die große Liebe auf den ersten Blick

Die Reinkarnation 193

war vorhergesehen und ist schon lange vor eurer Geburt eine beschlossene Sache gewesen. Wenn ihr ein Baby seht, ist schon alles in ihm angelegt, die *Anschlüsse, die Kreisläufe, die Installationen*. Es ist wie in einer Fabrik, wie in einem Staat, es ist wie eine Sternenkonstellation, es ist ein Universum für sich!

Seid nicht verwundert darüber, daß allein dafür, daß eine Blume leben und gedeihen kann, das Universum zustimmen und für ihren Unterhalt sorgen muß, da sie sonst stirbt. Das gleiche gilt auch für euch. Wenn ihr günstige geistige, seelische und physische Bedingungen vorfindet, könnt ihr wachsen und aufblühen. Hingegen stehen andere Bedingungen eurer Entwicklung entgegen und hemmen euch. Manchmal sind bestimmte Bedingungen günstig für euch und ungünstig für andere oder umgekehrt. Ihr könnt also allerlei gute Eigenschaften und Fähigkeiten besitzen, während andere euch fehlen, wie zum Beispiel die Gesundheit, und zwar weil ihr mit bestimmten Kräften und Strömen des Universums nicht in Übereinstimmung wart, was dann Störungen hervorruft.

Darum müßt ihr an der Harmonie arbeiten und so weit kommen, euch in Harmonie mit der ganzen Welt, den Sternen und dem Universum zu bringen, denn sonst wird es immer irgend etwas oder irgend jemand geben, der oder das euch stört. Ihr mögt zum Beispiel mit eurer Familie und eurem Nachbarn in Harmonie sein; wenn jedoch andere Leute euch Böses wollen, wird es immer Schwierigkeiten geben. So sind die guten Dinge oft mit schlechten vermischt. Und darum dringe ich immer wieder darauf, daß ihr euch mit dem ganzen Kosmos in Harmonie bringt, damit alles in euch schön und lichtvoll ist und dem Ideal entspricht.

Ein weiteres Beispiel: Stellen wir uns einmal vor, ihr hättet einen Freund, der euch liebt und euch wirklich unterstützt, und andererseits einen Feind, der nur danach trachtet, euch zu schaden. Nun kann unglücklicherweise der eine nicht ohne den anderen sein. Während ihr nun mit eurem Freund (oder eurer Liebsten) wunderbare Momente verbringt, bereitet euer Feind euch unaufhörlich Unannehmlichkeiten, Streitereien und Kummer. Ob ihr es nun wollt oder nicht, auch dieser Feind zählt in eurem Leben, und er schadet euch. Darum muß man mit der ganzen Welt in Harmonie sein.

Selbstverständlich ist das schwierig; aber man muß zumindest versuchen, mit den Wesen, die über uns stehen und unser Leben lenken und leiten, in Harmonie zu kommen. Und dann muß man daran arbeiten, auch seine Angelegenheiten mit den Menschen in Ordnung zu bringen. Darum heißt es eben: »Bevor die Sonne untergeht, versöhne dich mit deinem Bruder.« Bevor die Sonne untergeht, das heißt, bevor diese Inkarnation zu

Die Reinkarnation 195

Ende geht, denn danach ist es sehr schwierig, die Dinge wieder gutzumachen. In diesem Leben müßt ihr zu den Leuten, denen ihr Schaden zugefügt habt, hingehen, euch mit ihnen einigen und ihnen Genugtuung geben, um in Frieden zu leben. Jeder negative Gedanke, jedes negative Gefühl und jede negative Tat ist immer schädlich. Selbst wenn man nichts davon sieht, sind sie doch lebendige Wesenheiten, die von euch ausgehen, ihren Adressaten finden und sich daran machen, ihm zu schaden. Und eines Tages müßt ihr für das Übel büßen, das sie angerichtet haben.

Befassen wir uns nun mit der Vorstellung, daß unser Schicksal vorherbestimmt ist. Wie ich euch schon in einem anderen Vortrag gesagt habe, hat man die Möglichkeit, bevor man auf die Erde kommt, mit der Zustimmung der himmlischen Hierarchien manche Dinge zu verbessern. Ist man einmal geboren, hat man diese Möglichkeiten nicht mehr; alles muß nach einem vorausgeplanten Schema ablaufen. Der Knochenbau, die Muskulatur, das Kreislauf- und das Nervensystem, die Gesundheit und die Intelligenz, alles steht fest, und damit ist das Schicksal schon vorgezeichnet. Stellt euch einen Menschen vor, der häßlich, verkümmert und mißgestaltet zur Welt kommt. Nun, sein Schicksal steht doch schon fest. Er wird nicht soviel Freude, Glück und Erfolg erleben. Ein

Mädchen hingegen, das hübsch, entzückend und mit viel Charme ausgestattet geboren wird, auch sein Schicksal ist schon vorgezeichnet. Sie wird zur Schönheitskönigin gewählt, zu Empfängen geladen, von Reportern umschwärmt und bald schon kommt der Multimillionär, der um ihre Hand anhält.

Darum habe ich schon oft zu euch gesagt, für dieses Leben könnt ihr euer Schicksal nicht enorm ändern; aber für das nächste stehen euch alle Möglichkeiten offen durch eure Arbeit, eure Gedanken und eure Gebete. In dieser Inkarnation sind euch Grenzen auferlegt, in der nächsten werdet ihr jedoch alles haben, um was ihr jetzt bittet. Das müßt ihr wissen, denn sonst könnt ihr für eure nächste Inkarnation nichts verbessern. Warum befinden manche Menschen sich in einer so beklagenswerten Lage? Weil sie in der vorhergehenden Inkarnation nicht wußten, um was sie bitten und woran sie arbeiten mußten, um heute bestimmte Möglichkeiten und gute Eigenschaften zu haben. Sie wußten es damals nicht, und wenn sie nun in dieser Unkenntnis verbleiben, wird auch die nächste Inkarnation ein Fehlschlag sein.

Darum hört gut auf mich, liebe Brüder und Schwestern, nutzt meine Ratschläge, nutzt all die Jahre, die ihr noch in diesem Leben habt, meditiert, wünscht und erbittet die besten Dinge, denn damit startet ihr bereits Projekte, die sich in der

Die Reinkarnation

Zukunft materialisieren und konkretisieren werden. Die momentane Realität widersteht und widerstrebt der Änderung. Das ist normal so, denn solange sie nicht verbraucht ist, kann sie nicht ersetzt werden. Wenn der Mensch jedoch stirbt, nimmt das, was er durch seine Gedanken an Gutem geschaffen hat, auf der physischen Ebene feste Form an. Dann kehrt er mit Schönheit, Intelligenz, Gesundheit, und Güte ausgestattet zurück, weil sich die von ihm in diesem Sinn ausgesandten Gedanken in einer neuen Form materialisiert haben. Und diese Form ist wiederum haltbar und widerstandsfähig; sie widersetzt sich den für sie negativen und zerstörerischen Kräften. Die Arbeit, die wir jetzt machen, ist also nicht so sehr für diese Inkarnation. Daher kommen viele Brüder und Schwestern zu mir, um mir zu sagen: »Ich sehe keine Ergebnisse, Meister, seit Jahren arbeite ich, und nichts hat sich geändert. Ich bin immer noch der gleiche.« Aber darauf antworte ich: »Ihr habt das noch nicht richtig verstanden; ihr habt wirklich etwas geändert, nur müßt ihr abwarten. Wenn die gegenwärtige Form verschwindet, werdet ihr die neue sehen, nämlich die, an der ihr gearbeitet habt. Und ihr werdet über ihre Pracht ganz verblüfft sein.«

Ich sagte euch vorhin, daß die Freiheit sich im Geiste befindet. Allerdings muß ich dem noch einige Erklärungen hinzufügen. Beobachtet einmal das Verhalten eines Tieres oder eines Kleinkindes. Das Tier gehorcht den Naturgesetzen; es hat nicht die Freiheit, den Lauf der Dinge zu ändern und sich ihm zu widersetzen. Das ist ihm nicht gegeben. Also gehorcht es und fügt sich, es bleibt den Naturgesetzen treu, und darum ist es unschuldig. Auch das Kind gehorcht noch seinen inneren Instinkten und Trieben. Es verfügt noch nicht über seine Intelligenz und seinen Willen; es ist einem kleinen Tier vergleichbar. Erst einige Jahre später erlangt es die Fähigkeit, sich der Natur und ihren Gesetzen zu widersetzen. Es kann entscheiden, ob es in Harmonie mit diesen Gesetzen leben oder sie übertreten will.

Und wenn sich der Mensch nun mit nichts anderem beschäftigt als damit, zu essen, zu schlafen, sich zu amüsieren, Kinder in die Welt zu setzen und für seinen Lebensunterhalt zu arbeiten, dann führt er ein rein vegetatives oder ein instinktives Leben auf der Stufe der Tiere, egal was er auch darüber denken mag. Denn die Tiere und die Pflanzen machen es ebenso. Ein solches Leben führt er fast unabhängig von sich selbst, von seinem Willen und seinem Bewußtsein. Er wächst heran, wird dann wieder schwächer und scheidet schließlich dahin; dafür kann er nichts.

Wenn der Mensch jedoch anfängt, sich mit seinem Bewußtsein und seiner Intelligenz um dieses

Die Reinkarnation 199

instinktive Leben zu kümmern, es zu prüfen, zu läutern und ihm ein geistiges Element beizugeben, so wird dieses zu einem starken Faktor, der sein Leben verändern kann. Was ist das Schicksal? Das ist eine unerbittliche Verkettung von Ursachen und Wirkungen, denen das rein animalische, biologische, instinktive Leben völlig unterworfen ist. Wie sieht zum Beispiel das Schicksal eines Hähnchens aus? Es kann weder König, noch Dichter oder Musiker werden. Es ist für den Kochtopf vorherbestimmt. Das Schicksal des Hähnchens ist der Kochtopf. Alle Geschöpfe haben somit ihr eigenes Schicksal. Das des Wolfes besteht darin, daß er gejagt, gefangen, getötet oder in einen Tierpark gebracht wird. Selbst die Schafe und die Tauben haben ein Schicksal, das völlig mit dem übereinstimmt, was sie entsprechend ihrer Aktivität und den Elementen, aus denen sie bestehen, darstellen.

Will man dem Schicksal entrinnen, muß man aufhören, sklavisch, schwach und Knecht des niederen Lebens zu sein, wo nichts von einem selbst abhängt, wo es nur ums Atmen, um Fortpflanzung, Essen, Trinken und Schlafen geht. Ein solches Leben ist weit davon entfernt, göttlich zu sein. Es ist in dem Maße göttlich, als es von Gott gegeben ist, denn alles kommt von Gott. Aber im spirituellen Sinn ist es noch nicht göttlich. Das göttliche Leben beginnt, wenn der Mensch erkennt, daß er nicht nur aus Magen, Bauch und Geschlechtsteilen besteht, daß er nicht nur ein Wesen aus Fleisch, Knochen und Muskeln, sondern daß er auch Geist ist, und wenn der Wille erwacht, als Geist in dessen Bereich zu wirken, um erhabene, lichtvolle und großartige Werke zu schaffen. Ja, in diesem Augenblick entzieht er sich dem Schicksal, denn das besteht darin, krank zu werden, zu sterben, auf den Friedhof gebracht zu werden und dort zu verfaulen. Dieses Schicksal steht schon fest – ich spreche hier von der physischen Ebene – es ist schon beschlossene Sache, dem kann keiner entgehen.

Das spirituelle Leben gibt einem jedoch die Möglichkeit, dem vegetativen und instinktiven Leben etwas hinzuzufügen und auf diese Weise auf eine höhere Ebene als die des Schicksals zu gelangen. Dafür ist es aber notwendig, daß der Geist beginnt, hervorzutreten, sich zu manifestieren und zu arbeiten, daß er auf allen Dingen seine Spuren, seine Prägung, sein Siegel hinterläßt, daß er bei all euren Handlungen zugegen ist und die Führung übernimmt. Damit erhebt ihr euch über euer Schicksal und betretet die Welt der göttlichen Vorsehung. Allen Körpern ist es vorherbestimmt, wieder zu Staub zu werden; ja, den Körpern, aber nicht dem Geist. Dieser unterliegt nicht dem Schicksal, er untersteht den Gesetzen der göttlichen Vorsehung.

Die Reinkarnation 201

Wie kann man nun die Ebene der Vorsehung erreichen? Dafür muß man wissen, daß sich zwischen den Regionen des Schicksals und der Vorsehung der freie Wille befindet. Und für den Schüler besteht also die Aufgabe darin, seinen Willen so frei werden zu lassen, daß sich dieser in die Welt des Geistes begeben und dort wirken und arbeiten kann. In diesem Augenblick gelangt er unter den Einfluß der Vorsehung, und eine unendliche Vielfalt an Möglichkeiten und Wegen tut sich vor ihm auf. Er kann wählen, was er mag, und die getroffene Wahl ist immer wunderbar. In der Welt des Schicksals hingegen hat man keine Wahl, dort gibt es nur einen Weg, nämlich den der Zerstörung, des Zerfalls und der Auflösung. Welches Schicksal erwartet den Ochsen? Bis an das Ende seiner Tage wird der Ärmste vor den Pflug gespannt. Oder er wird geschlachtet und endet in einem Metzgerladen. Der Ochse kann sein Schicksal nicht ändern, ebensowenig wie die anderen Tiere.

Alle Menschen, die das Licht der Einweihungswissenschaft nicht besitzen, leben in ihr Schicksal hineingetaucht, und unaufhörlich werden sie herumgestoßen, niedergedrückt und gequält. Die Welt des Schicksals ist unerbittlich. Wenn der Mensch dem unterworfen ist, sei er auch ein König oder ein Kaiser, so ist dieses Schicksal unbeugsam. Es erfüllt sich, und dann fällt der Kopf unter der Guillotine. Es ist sehr schwierig, dem Schicksal zu entrinnen, da man sich über viele vorhergehende Inkarnationen hinweg ein schweres Karma geschaffen hat. Nun sind die Gesetze von Ursache und Wirkung aber absolut wirksam, und das Schicksal, das kein Bewußtsein hat und kein Mitleid empfindet, kommt ebenso unfehlbar zur Geltung wie ein physikalisches Gesetz, wenn ihr gegen ein Glas schlagt und es in Stücke zerbricht. Immer gleichbleibende und wahrhaftige Gesetze, das ist das Schicksal!

In dieser Inkarnation haben wir die Möglichkeit, uns gute Bedingungen für die nächste zu schaffen. Man muß dies nur wissen und bewußt handeln. Falls man gegenwärtig jedoch nicht daran arbeitet, kann die nächste Inkarnation schlimmer sein. Wenn die Kirche also die Menschen vom Glauben an die Reinkarnation abhält, hindert sie diese daran, ihre Zukunft zu verbessern. Die Christen wissen nicht, welche Möglichkeiten ihnen in Wirklichkeit offen stehen. Ihnen wird gesagt, daß sie nach ihrem Tod zur Rechten des Herrn sitzen werden, weil sie jeden Sonntag zur Messe gegangen sind oder daß sie für alle Ewigkeit in der Hölle in einem Kochtopf schmoren werden, weil sie eben nicht zur Kirche gegangen sind. Wenn es doch bloß so einfach wäre, sich zur Rechten des Herrn zu setzen! Warum werden die Menschen derart in die Irre geführt? Um sie zu trösten?... Aber man darf sie nicht trösten, man muß ihnen die Wahrheit erklären.

Ich fasse noch einmal zusammen: Alle Menschen, die sich allein von ihren Instinkten und ihren physiologischen Bedürfnissen leiten lassen, ohne eine spirituelle Arbeit zu machen, und davon gibt es sehr viele auf der Erde, können ihr Schicksal nicht ändern. Alles, was ihnen bestimmt ist, wird sich erfüllen. Jedoch alle, die voller Hingabe daran arbeiten, sich der Welt des Lichtes und der Liebe zu nähern, können dem entgehen. Das Schicksal ist hart und unerbittlich, aber sie stehen nicht mehr völlig in seiner Macht, denn sie leben nun in feineren Regionen, wo sie Stoffe aufnehmen, welche die schädlichen Einflüsse neutralisieren. Wenn ihr so wollt, handelt es sich dabei auch um ein Schicksal, denn auch die göttliche Vorsehung ist eine Art Schicksal. Sie ist jedoch von anderer Art; auch bei ihr ist alles vorherbestimmt, aber göttlich vorherbestimmt!

Genau so ist es. Und was ich euch gerade gesagt habe, ist sehr wichtig. Ihr wißt nun, wenn ihr euch damit begnügt, so wie jedermann zu leben, ohne etwas auf den höheren Ebenen zu tun, dann könnt ihr an eurem Schicksal nicht viel ändern. Ihr könnt dann eure Zukunft nicht gestalten, da ihr euch dem unterwerft, was schon existiert. Es ist im übrigen möglich, daß ihr ein »gutes Schicksal«

habt. Es gibt Schicksale, die dem Anschein nach sehr günstig sind, wie zum Beispiel bei Menschen, die in Reichtum, in Fülle und in Sorglosigkeit leben. Niemand stört sie, sie essen und trinken nach Herzenslust, sie reisen, heiraten und haben Kinder... ein herrliches Leben! Nun ist das allerdings in den Augen der Eingeweihten nicht gerade das beste Leben. Es gibt andere Menschen, die arbeiten, kämpfen, leiden, auf Hindernisse stoßen und schließlich nichts mehr besitzen... und die Eingeweihten sehen, daß ihr Leben in Wirklichkeit fruchtbarer ist als das der anscheinend so begünstigten Leute.

Die Menschen haben eine zu materialistische Vorstellung vom Glück. Sogar die Astrologen haben sich von dieser Denkweise anstecken lassen. Wenn sie ein Schicksal voraussagen sollen, dann sagen sie: »Oh, das ist ja großartig, sie haben Jupiter im zweiten Haus, die Sonne im zehnten und Venus im siebten. Also werden sie einflußreich und wohlhabend sein, sie werden Glück in der Liebe haben, sie werden alles haben, was sie sich wünschen.« Sehen sie allerdings Planeten, die im Quadrat oder in Opposition zueinander stehen, prophezeien sie einem alles erdenkliche Unglück und beklagen einen. Sie verstehen das eben nicht besser! Niemals würde ein Eingeweihter eine solche Interpretation geben. Er schaut in eurem Horoskop nach, ob es euch gelingen wird, bestimmte

Die Reinkarnation 205

Aufgaben zu erfüllen, den Willen Gottes zu tun und göttliche Dinge zu bewerkstelligen. Und darüber hinaus kümmert er sich weder um Quadrate, um Oppositionen noch um Planeten im Exil oder im Fall.

Aber nur wenige der heutigen Astrologen sind in der Lage, ein solches Licht zu bringen, mit solch anderen Augen zu schauen und solch eine andere Interpretation zu geben. Sie bleiben der gewöhnlichen Denkweise unterworfen und beurteilen die Dinge wie alle Materialisten, die meinen, der Sinn des Lebens hinge nur vom Geld und vom Erfolg ab. Aber das ist doch alles vergänglich, und es vergeht sehr schnell wieder; und was ist dann?... Es ist nicht jedem gegeben, den spirituellen Wert eines Geburtshoroskopes zu erkennen. Dort, wo andere in Schreie der Bewunderung ausbrechen, sehe ich, daß es sich um Leute handelt, die nichts für den Himmel tun werden. Und doch haben sie ein *gutes Horoskop*, sie haben Talente, Reichtum, einen hohen Platz in der Gesellschaft, und in Wirklichkeit sind sie in den Augen des Himmels die allergewöhnlichsten und unbedeutendsten Menschen. Unter keinen Umständen möchte ich mit ihnen tauschen oder ein so *gutes Horoskop* haben wie sie. Es gibt andere, den gewöhnlichen Astrologen unbekannte Kriterien, um ein Horoskop zu beurteilen.

Ich könnte noch eine Menge von Punkten anführen, um euch zu zeigen, daß die Astrologen kein rechtes Verständnis der Dinge besitzen. Anstatt euch zu sagen, daß ihr in diesem oder jenem Bereich eine Schuld zu begleichen habt und euch zu erklären, wie ihr dies tun könnt, geben sie euch Ratschläge, wie ihr einem Unfall entgehen könnt, der sich an einem bestimmten Tag ereignen könnte. Aber diese Ratschläge werden euch nicht davor bewahren. Der Unfall wird dennoch kommen, und zwar nicht an dem Tag, für den sie euch abgeraten haben hinauszugehen, sondern eben am Tag davor oder danach. Denn das Karma mag Betrug und Mogelei nicht und läßt sie Fehler in ihren Berechnungen machen.

Nun werdet ihr sagen: »Ja, aber wozu ist denn die Astrologie gut, wenn man damit sein Los nicht bessern kann?« Nun, damit könnt ihr euer Los schon erträglicher machen, aber nicht indem ihr weglauft. Dafür sind lange Erklärungen nötig, aber ich will euch trotzdem ein Beispiel geben. Nehmen wir einmal an, ihr wißt, daß ihr eine bestimmte Summe an einem festgesetzten Tag zu bezahlen habt, sonst werden eure Möbel gepfändet, ihr werdet aus dem Haus geworfen und seid Regen, Kälte und Krankheit ausgeliefert. Um euch diese Unannehmlichkeiten zu ersparen, bereitet ihr euch vor, anstatt das Ereignis nur tatenlos abzuwarten. Ihr arbeitet und spart, und wenn der Tag kommt, bezahlt ihr die Summe und werdet nicht von daheim verjagt. Dieses Bild kann in alle Bereiche des Lebens übertragen werden. Durch spirituelle Arbeit könnt ihr einen Unfall, eine Krankheit oder ein finanzielles Debakel, das euch erwartet, erfolgreich abwenden.

Nun, meine lieben Brüder und Schwestern, ich habe heute absolute Wahrheiten an euch weitergegeben. Geht nun hin, befaßt euch damit, überprüft sie, und ihr werdet sehen, daß ich euch nicht in die Irre führe. Große Möglichkeiten stehen euch offen, da die Lehre euch hilft, euch vorbereitet und euch erklärt, wie ihr euch eine großartige Zukunft gestalten könnt.

Vom selben Autor:
Reihe Izvor

201 - Auf dem Weg zur Sonnenkultur
Die Sonne, Begründerin der Kultur – Surya-Yoga – Die Suche nach dem Zentrum – Die nährende Sonne – Der Solarplexus – Der Mensch, Abbild der Sonne – Die Geister der sieben Lichter – Die Sonne als Vorbild – Die wahre Sonnenreligion.

202 – Der Mensch erobert sein Schicksal
Das Gesetz von Ursache und Wirkung – ,,Du sollst das Feine vom Dichten sondern" – Entwicklung und Schöpfung – Menschliche und göttliche Gerechtigkeit – Das Gesetz der Wechselwirkungen – Die Gesetze der Natur und die Gesetze der Moral – Das Gesetz der Einprägung – Die Reinkarnation.

203 – Die Erziehung beginnt vor der Geburt
Zuerst müssen die Eltern erzogen werden – Die Erziehung beginnt schon vor der Geburt – Ein Entwurf für die Zukunft der Menschheit – Kümmert euch um eure Kinder – Eine neue Auffassung der mütterlichen Liebe – Das magische Wort – Ein Kind braucht immer eine Beschäftigung – Die Kinder müssen auf ihr künftiges Leben als Erwachsene vorbereitet werden – Der Sinn für das Zauberhafte soll dem Kind erhalten bleiben – Liebe ohne Schwäche – Erziehung und Belehrung.

204 – Yoga der Ernährung
Die Ernährung betrifft das ganze Wesen – Hrani-Yoga – Die Nahrung, ein Liebesbrief des Schöpfers – Die Auswahl der Nahrung – Der Vegetarismus – Die Ernährung und ihre Moral – Das Fasten – Vom Abendmahl – Der Sinn der Segnung – Die Arbeit des Geistes an der Materie – Das Gesetz vom Austausch.

205 – Die Sexualkraft oder geflügelte Drache
Der geflügelte Drache – Liebe und Sexualität – Die Sexualkraft, Voraussetzung für das Leben auf Erden – Vom Vergnügen – Die Gefahren des Tantrismus – Lieben ohne Gegenliebe zu erwarten – Die Liebe ist im ganzen Universum verbreitet – Die geistige Liebe, eine Nahrung auf höherer Ebene – Das hohe Ideal - Transformator der Sexualkraft – Öffnet der Liebe einen Weg nach oben.

206 – Eine universelle Philosophie
Einige Erklärungen zum Begriff ,,Sekte" – Keine Kirche ist ewig – Hinter den Formen den Geist suchen – Die Kirche des hl. Johannnes und

ihre Ankunft – Die Grundlagen einer universellen Religion – Die Große Universelle Weiße Bruderschaft – Wie man den Begriff „Familie" erweitert – Die Bruderschaft, ein höherer Bewußtseinsgrad – Die Kongresse der Bruderschaft in Le Bonfin – Jeder Aktivität eine universelle Dimension geben.

207 – Was ist ein geistiger Meister?

Wie man einen wirklichen geistigen Meister erkennt – Von der Notwendigkeit eines geistigen Führers – Spielt nicht den Zauberlehrling! – Spiritualität nicht mit Exotik verwechseln – Vom Ausgleich zwischen geistiger und materieller Welt – Der Meister, ein Spiegel der Wahrheit – Erwartet von einem Meister nur das Licht – Der Schüler vor dem Meister – Die universelle Dimension eines Meisters – Die magische Gegenwart eines Meisters – Die Identifizierung – „Wenn ihr nicht werdet wie die Kinder".

208 – Das Egregore der Taube
oder das Reich des Friedens

Der tiefere Sinn des Friedens – Die Völkervereinigung und ihre Vorteile – Aristokratie und Demokratie – Kopf und Bauch – Vom Geld – Über die Verteilung des Reichtums – Kommunismus und Kapitalismus, zwei sich ergänzende Philosophien – Für ein neues Verständnis der Wirtschaft – Was jeder Politiker wissen sollte – Das Reich Gottes.

209 – Weihnachten und Ostern
in der Einweihungslehre

Das Weihnachstfest – Die zweite Geburt – Das Erwachen auf den verschiedenen Ebenen – „Wenn ihr nicht sterbt, so werdet ihr nicht leben!" – Die Auferstehung und das Jüngste Gericht – Der Lichtkörper.

210 – Die Antwort auf das Böse

Die zwei Bäume des Paradieses – Das Gute und das Böse - Zwei Kräfte, die das Rad des Lebens drehen – Über die Begriffe des Guten und des Bösen – Das Gleichnis von „Spreu und Weizen" – Die Philosophie der Einheit – Die drei großen Versuchungen – Die Frage der Unerwünschten – Über den Selbstmord – Das Böse durch Licht und Liebe besiegen – Sich spirituell stärken, um die Prüfungen zu bestehen.

211 – Die Freiheit, Sieg des Geistes

Die psychische Struktur des Menschen – Die Beziehungen zwischen Geist und Körper – Schicksal und Freiheit – Der befreiende Tod – Die Freiheit des Menschen liegt in der Freiheit Gottes – Die wahre Freiheit –

Sich begrenzen, um sich zu befreien – Anarchie und Freiheit – Über den Begriffe der Hierarchie – Die innere Synarchie.

212 – Das Licht, lebendiger Geist

Das Licht, Essenz der Schöpfung – Die Sonnenstrahlen: ihre Natur und ihre Aktivität – Das Gold, kondensiertes Sonnenlicht – Das Licht, das es möglich macht zu sehen und gesehen zu werden – Die Arbeit mit dem Licht – Das Prisma, Bild des Menschen – Die Reinheit öffnet dem Licht die Tore – Das intensive Leben des Lichts leben – Der Laserstrahl im geistigen Leben.

213 – Menschliche und göttliche Natur

Menschlich...oder tierisch? – Die niedere Natur, eine Spiegelung der höheren Natur – Auf der Suche nach unserer wahren Identität – Über die Möglichkeit, den Begrenzungen der niederen Natur zu entgehen – Die Sonne, Symbol der göttlichen Natur – Die niedere Natur beherrschen und als Energiequelle benutzen – Der höheren Natur mehr Äußerungsmöglichkeiten geben: sich bessern – Die Stimme der göttlichen Natur – Der Mensch kann sich nur dann entfalten, wenn er seiner höheren Natur dient – Die höhere Natur in sich selbst und anderen fördern – Die Rückkehr des Menschen in Gott.

214 – Die geistige Galvanoplastik
und die Zukunft der Menschheit

Die geistige Galvanoplastik – Mann und Frau - Abbild des männlichen und weiblichen Prinzips – Die Ehe – Lieben ohne Anspruch – Wie man der Liebe eine edlere Ausdrucksform gibt – Nur die geistige Liebe schützt die menschliche Liebe – Der Liebesakt aus der Sicht der Einweihungslehre – Die Sexualkraft, Bestandteil der Sonnenenergie – Die Zeugung eines Kindes – Die Schwangerschaft – Die Kinder von Verstand und Herz – Die Frau soll ihren wahren Platz wieder einnehmen – Das Reich Gottes, Kind der Kosmischen Frau.

215 – Die wahre Lehre Christi

„Vater unser, der Du bist im Himmel" – „Ich und der Vater sind eins" – „Seid vollkommen, wie euer Vater im Himmel vollkommen ist" – „Suchet zunächst das Reich Gottes und seine Gerechtigkeit" – „Wie im Himmel, so auf Erden" – „Wer mein Fleisch ißt und mein Blut trinkt, hat das ewige Leben" – „Vater vergib ihnen, denn sie wissen nicht, was sie tun" – „Wer dich auf eine Backe schlägt" – „Wachet und betet".

216 – Geheimnisse aus dem Buch der Natur

Das Buch der Natur – Tag und Nacht – Quelle und Sumpf – Die Vermählung, ein universelles Symbol – Die Arbeit mit den Gedanken zur

Gewinnung der Quintessenz – Die Macht des Feuers – Die entschleierte Wahrheit – Der Hausbau – Rot und weiß – Der Strom des Lebens – Das neue Jerusalem und der vollkommene Mensch – Lesen und schreiben.

217 – Ein neues Licht auf das Evangelium
„Man füllt nicht jungen Wein in alte Schläuche" – „Wenn ihr nicht werdet wie die Kinder" – Der ungerechte Verwalter – „Sammelt euch Schätze" – „Gehet ein durch die enge Pforte" – „Wer auf dem Dach ist..." – Der Sturm, der sich gelegt hat – „Die Ersten werden die Letzten sein" – Das Gleichnis von den fünf törichten und von den fünf klugen Jungfrauen – „Das ist das ewige Leben, daß sie Dich erkennen, der Du allein wahrer Gott bist!"

218 – Die geometrischen Figuren und ihre Sprache
Die Symbolik der geometrischen Figuren – Der Kreis – Das Dreieck – Das Pentagramm – Die Pyramide – Das Kreuz – Die Quadratur des Kreises.

219 – Geheimnis Mensch
Die menschliche Evolution und die Entwicklung der spirituellen Organe – Die Aura – Das Sonnengeflecht – Das Harazentrum – Die Kundalinikraft – Die Chakras: Das System der Chakras; Die Chakras Ajna und Sahasrara.

220 – Mensch und Kosmos im Tierkreis
Der vom Tierkreis abgegrenzte Raum – Die Entwicklung des Menschen und der Tierkreis – Der planetarische Zyklus der Stunden und Wochentage – Das Kreuz des Schicksals – Die Achsen Widder-Waage und Stier-Skorpion – Die Achse Jungfrau-Fische – Die Achse Löwe-Wassermann – Wasser- und Feuerdreieck – Der Stein der Weisen: Sonne, Mond und Merkur – Die 12 Stämme Israels und die 12 Heldentaten des Herkules in Verbindung mit dem Tierkreis.

222 – Struktureller Aufbau und Schichten der Psyche
„Erkenne dich selbst" – Eine synoptische Tafel – Verchiedene Seelen und Körper – Herz, Intellekt, Seele und Geist – Die Schulung des Willens – Körper, Seele und Geist – Äußeres und inneres Erkennen – Vom Intellekt zur Intelligenz – Die wahre Erleuchtung – Der Kausalkörper – Das Bewußtsein – Das Unterbewußtsein – Das höhere Ich.

223 – Geistiges und künstlerisches Schaffen
Kunst, Wissenschaft und Religion – Die göttlichen Quellen der Inspiration – Die Aufgabe der Phantasie – Poesie und Prosa – Die

Stimme – Chorgesang – Die beste Weise, Musik zu hören – Magie der Gestik – Die Schönheit – Idealisieren als Mittel zum Schaffen – Das lebendige Meisterwerk – Der Aufbau des Tempels - Nachwort.

224 – Die Kraft der Gedanken

Von der Wirklichkeit der spirituellen Arbeit – Wie stellen wir uns die Zukunft vor – Die psychische Verschmutzung – Leben und Kreisen der Gedanken – Wie die Gedanken sich in der Materie verwirklichen – Nach dem Gleichgewicht von materiellen und spirituellen Mitteln suchen – Die Kraft des Geistes – Einige Gesetze, die bei der geistigen Arbeit zu beachten sind – Das Denken als hilfreiche Waffe – Die Kraft der Konzentration – Die Grundlagen der Meditation – Das schöpferische Gebet – Die Suche nach dem Gipfel.

225 – Harmonie und Gesundheit

Das Wesentliche, das Leben – Die Welt der Harmonie – Harmonie und Gesundheit – Die spirituellen Grundlagen der Medizin – Atmung und Ernährung – Die Atmung – Die Ernährung – Wie man unermüdlich werden kann – Die Pflege der Zufriedenheit.

226 – Das Buch der göttlichen Magie

Die Wiederkehr magischer Praktiken und ihre Gefahr – Der magische Kreis: die Aura – Der magische Stab – Das magische Wort – Die Talismane – Über die Zahl dreizehn – Der Mond, Gestirn der Magie – Die Zusammenarbeit mit den Naturgeistern – Blumen, Düfte – Wir alle üben Magie aus – Die drei magischen Hauptgesetze – Die Hand – Der Blick – Die magische Kraft des Vertrauens – Die wirkliche Magie: die Liebe – Ihr solltet niemals versuchen, Rache zu üben – Exorzismus und Weihe von Gegenständen – Schützt eure Wohnstätte.

227 – Goldene Regeln für den Alltag

Das kostbarste Gut: das Leben – Bringt materielles und geistiges Leben in Übereinstimmung! – Widmet euer Leben einem erhabenen Ideal! – Der Alltag: eine vom Geist umzuwandelnde Materie – Essen: eine Yogaübung! – Die Atmung – Wie man wieder zu Kräften kommt – Wahre Liebe macht unermüdlich – Der technische Fortschritt gestattet dem Menschen, der spirituellen Arbeit mehr Zeit zu widmen – Gestaltet euer Innenleben! – Die Außenwelt spiegelt eure Innenwelt wider – Eure Zukunft wird so sein, wie ihr sie jetzt vorbereitet – Lebt ganz in der Gegenwart! – Achtet immer auf den Anfang! – Bittet um Licht, bevor ihr handelt! – Immer die erste Regung beachten – Sich seiner Denkgewohnheiten bewußt werden – Aufmerksamkeit und Wachsamkeit –

Seinem Leben eine spirituelle Richtung geben – Gebt der Praxis den Vorzug!

228 – Einblick in die unsichtbare Welt

Das Sichtbare und das Unsichtbare – Das begrenzte Wahrnehmungsvermögen des Intellekts und das unbegrenzte Wahrnehmungsvermögen der Intuition – Der Zugang zur unsichtbaren Welt: von Jesod nach Tipharet – Die Hellsichtigkeit: Aktivität und Rezeptivität – Sollte man sich von Hellsehern beraten lassen? – Liebt, und eure Augen werden sich auftun – Die Botschaften des Himmels – Sichtbares und unsichtbares Licht: Svetlina und Videlina – Die höchsten Entwicklungsstufen der Hellsichtigkeit – Das spirituelle Auge – Gottesvision – Der wahre Zauberspiegel: die universelle Seele – Traum und Wirklichkeit – Der Schlaf, Spiegelbild des Todes – Wie man sich im Schlaf schützen kann – Die Reisen der Seele im Schlaf – Physische und psychische Zuflucht – Die Quelle der Inspiration – Die Wahrnehmung sollte höher geschätzt werden als die Vision.

229 – Wege der Stille

Lärm und Stille – Verwirklichung der inneren Stille – Laßt eure Sorgen vor der Tür – Eine Übung: in Stille essen – Die Stille, ein Energiespeicher – Die Wesenheiten der Stille – Harmonie als Voraussetzung der inneren Stille – Die Stille, Voraussetzung der Gedanken – Suche nach Stille, Suche nach Gott – Wort und Logos – Das Wort eines Meisters in der Stille – Stimme der Stille, Stimme Gottes – Die Offenbarungen des gestirnten Himmels – „Das stille Kämmerlein".

231 – Saaten des Glückes

Das Glück, eine Gabe, die gepflegt werden muß – Glück hat mit Vergnügen nichts zu tun – Arbeitet an euch selbst, und ihr werdet glücklich! – Die Philosophie der Anstrengung – Spirituelles Licht bringt das wahre Glück – Der Sinn des Lebens – Friede und Glück – Seid „lebendig", um glücklich zu sein! – Erhebt euch über die Lebensbedingungen! – Öffnet euch immer mehr der göttlichen Welt! – Das Land Kanaan – Der Geist steht über den Gesetzen des Schicksals – Sucht das Glück in den höheren Regionen! – Die Suche nach Glück ist die Suche nach Gott – Für Selbstsüchtige gibt es kein Glück – Gebt, ohne etwas dafür zu erwarten! – Liebt, ohne Gegenliebe zu verlangen! – Von der Nützlichkeit der Feinde – Der Garten von Seele und Geist – Die Vereinigung auf höherer Ebene – Wir gestalten selbst unsere Zukunft.

Vom selben Autor
Reihe Gesamtwerke

BAND 1 – Das geistige Erwachen
Geboren aus Wasser und Geist – „Bittet, so wird euch gegeben! Suchet, so werdet ihr finden! Klopft an, so wird euch aufgetan!" – Liebe, Weisheit, Wahrheit (Mund, Ohren, Augen) – Bei Meister Peter Deunov in Bulgarien Erlebtes – Die lebendige Kette der Universellen Weißen Bruderschaft.

BAND 5 – Die Kräfte des Lebens
Das Leben – Charakter und Temperament – Gut und Böse – Der Kampf mit dem Drachen – Gedanken sind lebendige Wesenheiten – Die unerwünschten Wesen – Die Kraft des Geistes – Das Opfer – Das hohe Ideal – Der Friede.

BAND 6 – Die Harmonie
Die Harmonie – Der Schüler muß die Sinnesorgane für die geistige Welt entwickeln – Die Medizin muß auf einer esoterischen Philosophie gegründet sein – Wie Gedanken in der Materie Wirklichkeit werden – Die Meditation – Menschlicher Intellekt und kosmische Intelligenz – Das geistige Herz – Sonnengeflecht und Gehirn – Das Harazentrum – Die Aura.

BAND 7 – Die Mysterien von Jesod
Die Reinheit als Fundament geistiger Kraft
Die Ernährung, Ausgangspunkt einer Studie über die Reinheit – Die Reinheit in den drei Welten – Von der magischen Kraft des Vertrauens – Die Tore des himmlischen Jerusalem – Ergänzende Erläuterungen: Die Quelle – Das Fasten – Wie man sich waschen soll.

BAND 10 – Surya – Yoga
Pracht und Herrlichkeit von Tiphareth
Die Sonne ist Gottes Bild und Ebenbild – Tag und Nacht (Bewußtsein und Unterbewußtsein) – Die Sonne, Mittelpunkt unseres Universums – Die Sonne läßt die vom Schöpfer in die Seele gelegten Samen gedeihen – Die Sonne ist der hervor-

ragendste Pädagoge: sie geht mit ihrem Beispiel voran – Richtet sämtliche Kräfte auf ein Ziel! – Liebt wie die Sonne – Die Geister der sieben Lichtstrahlen – Die geistige Veredelung.

BAND 11 – Der Schlüssel
zur Lösung der Lebensprobleme

Vom Nehmen und Geben – Das Gleichnis vom Baum – Wie man die inneren Tiere zähmt – Die Sexualkraft kann zur Förderung der höheren Natur eingesetzt werden – Das Wirken für die weltweite Verbrüderung – Personalität (niedere Natur) und Individualität (höhere Natur) – Über den Sinn des Opfers in den Religionen – „Gebt dem Kaiser, was des Kaisers ist!"

BAND 12 – Die Gesetze der kosmischen Moral

Ihr werdet ernten, was ihr gesät habt – Die Wahl ist wichtig: sucht die Arbeit und nicht das Vergnügen – Schöpferische Tätigkeit als Mittel zur inneren Entwicklung – Die Gerechtigkeit – Naturgesetze und moralische Gesetze – Die Reinkarnation – Macht nicht auf halbem Wege halt – Über den rechten Gebrauch der eigenen Energien – Durch seine Gedanken und Gefühle wirkt der Mensch schöpferisch auf die unsichtbare Welt ein – Die beste pädagogische Methode ist das Beispiel.

BAND 13 – Die neue Erde
Anleitungen, Übungen, Sprüche, Gebete

Zum Tagesablauf – Die Ernährung – Das Verhalten – Mitmenschliche Beziehungen – Die Problematik des Bösen – Beziehungen zur Natur – Das Wirken mit der Denkkraft – Das Hara-Zentrum – Das Wirken mit dem Licht – Die Aura – Der Lichtleib – Einige Sprüche und Gebete – Die Gymnastik-Übungen.

BAND 14 – Liebe und Sexualität

Die beiden Aspekte männlich und weiblich – Die Liebe zu Gott – zu deinem Nächsten – zu dir selbst – Geist und Materie – Sexualorgane – Die Eifersucht – Die Vergeistigung der Sexualkraft – Der geistige Schutzfilter – Der Liebe ihre ursprüngliche Reinheit wiedergeben – Die Liebe in der Einweihung früherer Zeiten – Die Schwesterseele – Eine erweiterte Auffassung der Ehe –

Selbstbeherrschung, wozu? – Warum ist eine geistige Führung notwendig – Das Hineinwachsen in die große weltweite Familie.

BAND 25 und 26 – Der Wassermann und das Goldene Zeitalter

Das Wassermann-Zeitalter – Vom Kommen der wahren Brüderlichkeit – Jugend und Revolution – Die wahre Ökonomie – Gold und Licht – Aristokratie und Demokratie – Die Politik im Licht der Einweihungswissenschaft – Urprinzipien und äußere Formen – Die wahre Religion Christi – Der kosmische Körper – Das Reich Gottes und seine Gerechtigkeit – Das neue Jerusalem.

Broschüren

Nr. 302	–	Die Meditation
Nr. 303	–	Die Atmung
Nr. 304	–	Der Tod und das Leben im Jenseits
Nr. 309	–	Die Aura
Nr. 312	–	Die Reinkarnation
Nr. 321	–	Weihnachten und das Mysterium der Geburt Christi
Nr. 322	–	Die spirituellen Grundlagen der Medizin

Dépôt légal: Mars 1996 - N° d' impression: 2297 - Imprimé en France
Imprimerie Prosveta, Z.I. du Capitou - B.P. 12
83601 Fréjus Cedex, France